콰이어트

끝나지 않은 그날의 숨겨진 이야기

콰이어트

끝나지 않은 그날의 숨겨진 이야기

Quiet

글 유정화 외 | 그림 김재윤

지우출판

"다수결의 원칙에 따르지 않는 것이 한 가지 있다면
그건 바로 한 인간의 양심이야."

_하퍼 리, 《앵무새 죽이기》,
열린책들, 김욱동 번역

법치주의는 자유의 출구인가,
억압과 기만의 도구인가

정말이지 삶은 속수무책이다. 더러는 대책 없이 참혹하다. 어라, 어라 하다가 문득 멈춰 서서 뒤돌아보면 자신이 왜 거기에 있고, 어떻게 그 자리에까지 왔는지 모를 정도로 쏜살같이 흘러가 버린다. 그렇지만 속수무책으로 당했던, 대책 없이 참혹했던 삶을 들여다보면 그 안에 뭔가가 있다. 삶 속에 존재했던, 의지에 의한 '선택', 그리고 그 선택의 대가로 흘러 흘러서 현재의 자리에 있는 자신의 모습을.

2025년 1월 18일 밤과 2025년 1월 19일 새벽, 서울서부지방법원 주변에서 평화 시위를 하던 국민 중 일부가 법원 내부로 진입하거나 법원 공용물을 손상하는 상황이 발생했다. 순식간에 벌어진 일이었다. 국가 기관은 그 자리에서 국민을 체포하고 구속했으며, 입건해 수사를 받게 했다. 체포와 구속 그리고 입건되어 수사받기까지 국민(이후 '서부 항쟁 자유 청년'으로 칭함)은 자신들의 의지와 무관하게 속수무책일 수밖에 없었다. 자신들이 직접 선출한 현직 대통령마저도 형사 소송법 원칙과 절차적 정당성을 완전히 무시한 채 불법 체포한 국가 기관이었다.

실제로 사건 이후, 사법 경찰과 검사들은 서부 항쟁 자유 청년들을 형사 소송법의 기본 원칙조차 준수하지 않고 무더기로 불법 구속했다. 2025년 1월 19일부터 2025년 4월 21일까지 모두 143명을 피의자로 입건하고, 그중 95명을 구속했다.

이러한 대혼란 속에 무너진 법치를 목격한 변호사들은, 현직 대통령에게도 지켜지지 않았던 형사 소송법의 원칙과 절차적 정당성이 서부 항쟁 자유 청년들에게는 더더욱 무시되고, 인권이 유린당할 것을 우려했다. 그들이 변호사의 조력을 받을 권리를 행사할 수 있도록 각지에서 하나둘 모여들었다.

이 책 《콰이어트》는 국민의 불행을 자신들의 추악한 권력을 유지하기 위한 도구로 삼으려는 자들에 맞서 평화 시위를 하다가 사건에 휩쓸렸던 서부 항쟁 자유 청년들과 그들의 인권을 위한 변호에 나선 변호사들이 함께한 항거 기록이다. 진실을 감추려는 자들의 강요된 침묵과 물리적 행사에 맞서 침묵으로 항거

한, '거짓말'과의 싸움 기록이다.

장면 S# 1 서부지법 앞

혼돈의 새벽, 경찰과 시민이 뒤엉켜 있는 것을 양팔 벌려 떼어놓으며 "폭력 쓰면 안 된다"고 울부짖다가 혼란이 가중되자 현장을 빠져나온 청년. 경기도 어디쯤을 지나다가 다시 방향을 되돌린 것은 현장에서 울고 있던 아주머니와 할머니들 걱정 때문. 법원 정문 앞에서 체포되어 '방해자'로 기록된다.

장면 S# 2 서부지법 내부

누군가의 피를 보고 놀라 법원 계단을 올라가던 청년, 다시 내려와 쓰러진 시민에게 물 한 모금을 건네다 체포된다. '특수건조물침입'으로 기록된다.

장면 S# 3 서부지법 앞 화단 가장자리

새벽 3시가 조금 넘은 시각, 닫혀 있어야 할 법원 후문이 열려 있는 것을 본 청년. 안에서는 "도와주세요"라는 절박한 목소리가 흘러나왔다. 화단 옆, 가장자리에서 사람들이 넘어지면 일으켜 세우고 다쳤는지 살피며 무서워하는 사람 곁을 지키다 체포되어 '침입자'로 기록된다.

......

거짓은 전염성이 강하다. 거짓에 선동당한 여론일수록 진실보다 빠르게 대중 속으로 전파된다. 이 책에서는 언론이 어떻게 사건을 왜곡하고, 사건 청년 모두를 '폭도'로 몰아갔는지를 확인할 수 있다. 정치 이념에 따라 누구는 쉽게 구속되고, 누구는 구속조차 되지 않는 부당함의 실체도 적나라하다.

《콰이어트》는 불의한 자들이 만들어 낸 세상에 맞선 저항으로, 함께 말하고 숨 쉬던 우리 이웃 청년들의 이야기다. 거대한 불의 세력 앞에서 순식간에 휩쓸려간 일에 대해 정파적으로 판단해선 안 된다. 부릅뜨고 부풀린 서사 또한 만들지 않길 바라며 이 책을 펴낸다. 이 책은 서부 사건 이후 자유청년들과 국민, 그리고 대한민국에 남은 희망과 과제는 무엇인지를 되돌아보게 할 것이다.

현실에서의 진실은 그다지 복잡하지 않다.
진실을 왜곡하고 감추려는 과정이 복잡할 뿐이다.

저자 일동

여는 글

여는 글   6

법치주의는 자유의 출구인가, 억압과 기만의 도구인가

1부   복수극인가, 정의의 실현인가

정의라는 이름 앞에서 우리는 무엇을 보았는가   15

- 서부 사건 청년들의 얼굴을 기억하며 (유정화 변호사)

포기할 수 없는 이유   22

- 서부지법 청년 피고인들을 변호하며 (○○○변호사)

N극과 S극처럼 다른 세상에서 (○○○ 변호사)   29

2025년, 우리 생애 최고의 해 (임용수 변호사)   34

12월 3일, 1월 19일, 그리고 오늘 (○○○변호사)   48

불법한 증거가 적법한 판결을 낳는다고 말하는 시대   64

- 구독, 좋아요, 징역 5년 (김지미 변호사)

부록 건조물 침입의 행위 태양과 주거 침입죄의 계속범성 및   82
         다중의 위력에 관한 비판적 검토 (연취현 변호사)

2부   부치지 못한 편지

너무나, 너무나 깨끗한 그들의 손 (맑은 햇빛)   99

콰이어트 (맑은 햇빛)   103

자기만의 방 (글쓴이 미상 1)   110

도둑맞은 진실 (김태영)   112

이타주의의 진화 (무명의 블랙 시위대)   115

농담 (글쓴이 미상 2)   125

혜택 받는 자, 못 가진 자 (글쓴이 미상 3)   129

자유를 위한 두 번째 건국 전쟁 (구재훈)   133

하, 왜 조그마한 일에 분개하나 (글쓴이 미상 4)   136

나를 위해 말해 줄 이들이 곁에 남아 있을 때 (글쓴이 미상 5)   146

내 이름은 수번 2XX8 (수번 2XX8)   153

사막에서 길 찾기 (유재환)   167

4월 18일 새벽 5시 30분 (글쓴이 미상 6)   171

가장 자유로운 곳 (이영주)   177

내일 아침이 오면 (JP)   186

부록 2025년 2월 28일 서부지법 자유청년 변호인단의 보도자료 기사 모음 190

3부 돌이킬 수 없는 그날의 약속

그곳으로부터의 사색 (수번 2XX8)   199

2025년 3월 4일. 구치소 41일 차   199

2025년 3월 5일. 구치소 42일 차   201

2025년 3월 14일. 구치소 51일 차   202

2025년 3월 21일. 구치소 58일 차   203

2025년 4월 4일. 구치소 72일 차   205

2025년 4월 5일. 구치소 73일 차   209

2025년 4월 6일. 구치소 74일 차   212

2025년 4월 8일. 구치소 76일 차   213

2025년 4월 11일. 구치소 79일 차   215

2025년 4월 14일. 구치소 82일 차   218

2025년 5월 7일. 구치소 105일 차   223

2025년 5월 8일. 구치소 106일 차   225

2025년 5월 13일. 구치소 111일 차   227

2025년 5월 20일. 구치소 118일 차   229

2025년 5월 24일. 구치소 122일 차   232

2025년 5월 29일. 구치소 127일 차   234

2025년 5월 31일. 구치소 129일 차   236

2025년 6월 4일. 구치소 133일 차   238

2025년 6월 12일. 구치소 141일 차   243

2025년 7월 7일. 구치소 166일 차   245

2025년 7월 31일. 구치소 190일 차 (선고 D-1)   250

2025년 8월 1일. 구치소 191일 차 (1심 선고)   252

2025년 8월 31일. 석방 한 달 차   256

부록 서부자유변호사협회 창단 선언문   260

닫는 글 법치의 권위는 본보기가 아니라 균형에서 나온다   266

1부

복수극인가,
정의의 실현인가

"형사 절차의 목적은 구금이 아니라,
진실 규명에 있다."

정의라는 이름 앞에서 우리는 무엇을 보았는가

서부 사건 청년들의 얼굴을 기억하며

–

유정화 변호사

이 글은 어떤 판결문을 설명하기 위한 글이 아니다. 그저, 우리가 '서부 사건'이라 부르는 그 시간 속에서 마주했던 청년들의 얼굴과 그들이 품고 있었던 '마음 온도'를 이야기하고자 하는 데 있다. 그 온도는 차갑고 건조한 기록의 어디에도 적혀 있지 않다.

오로지 우리가 잊지 말아야 할 현실에서의 진실 온도다.

2025년 초, 경찰서와 구치소 철문 사이로 걸어 들어가 마주했던 청년들은 책 속에서 튀어나온 사건 번호의 소유자가 아니었다. 불안함을 감추려 애쓰는 얼굴, 누군가를 다친 채 남겨두고 온 것 같은 죄책감, 사랑하는 가족이 떠올라 가늘게 떨리는 손끝, 그리고 "나는 그런 사람이 아닌데"라는 혼잣말 같은 눈빛들.

나는 그 순간 수사 기관과 같은 국가 기관이 놓친 것은 사실

복수극인가, 정의의 실현인가

의 조각[01]이 아니라 '사람' 그 자체라는 사실을 깨달았다.

꽃과 그림으로 세상을 위로하던 A 씨
– 선량함이 죄로 읽힌 날

　　　　　　　　　A 씨를 처음 만났을 때 느꼈던 건, 그 청년이 가진 '조심스러울 만큼의 따뜻함'이었다. 경찰 아버지 밑에서 자라 누구보다 공권력을 신뢰했고, 법의 이름이 사람을 지켜주는 거라 믿은 청년. 누군가를 해친 적도, 분노를 표출하는 법도 몰랐던 사람.

　그는 플로리스트였다. 꽃 한 송이에 담긴 감정과 위로를 깊이 이해하는. 또 한편으론 병마와 싸우는 아이들에게 동화 속 친구를 만들어 주던 삽화가였다.

　그가 보내 주는 작은 캐릭터 하나하나는, 현실이 참혹한 아이들에게 "그래도 웃어도 돼"라고 말하는 작은 용기였다. 지금도 아픈 내 딸에게 조용히 그림을 보내 주는 이가 바로 그 청년이다.

　그런 A 씨가 사건 당일 법원에서 한 모든 행동을 합치면 7분 남짓이다. 누군가의 피를 보고 놀라 법원 계단을 올라갔다가 다

01　阻却: 방해하거나 물리침.

시 내려와 쓰러진 시민에게 물 한 모금을 건네다 곧 체포되었다. 그가 믿었던 '법과 공권력'은 그날, 그 청년이 세상에 보인 선량함을 읽어내지 못했다. 서류에는 "특수건조물 침입"이라고 적힌 그 청년을, 나는 꽃향기와 그림의 따뜻함으로 사람을 살리던 사람으로 기억하고 있다.

울고 있던 어머니들과 할머니들을
먼저 붙든 청년, B 씨

혼돈의 새벽, B 씨가 처음 마주한 것은 격앙된 군중이 아니라 울고 있던 어머니들의 떨리는 손이었다. 그는 주저하지 않고 그 손을 잡았다.

"괜찮아요, 진정하세요."

그 말은 누군가에게는 작은 위로였겠지만, 그에게는 약한 이들을 먼저 지켜야겠다는 본능이었다. 그리고 옆에서 들려온 외침.

"사람이 다쳤대요!"

복수극인가, 정의의 실현인가

그가 본 장면은 경찰과 시민이 뒤엉킨, 누구도 이성의 머리로 움직이지 못하는 공간이었다. 그는 양팔을 벌려 사람들을 떼어 놓으며 울부짖었다.

"폭력 쓰면 안 돼요!
싸우지 마세요!"

CCTV에는 그의 그 절규가, 그의 팔이, 그의 뛰어다니는 그림자가 분명 남아 있다. 그는 혼란이 커지자 현장을 떠났지만, 경기도 어디쯤을 지나다가 다시 방향을 틀었다.

"울고 계시던 아주머니들,
할머니들이 자꾸 생각나서……."

이 한마디는 내가 들었던 수많은 변론 중 가장 뭉클한 고백이었다. 그는 그 길고 먼 거리를 다시 돌아와 정문 앞에서 체포되었다. 기록은 그를 '방해자'라고 기록했지만, 그날 우리 눈앞에 있었던 B 씨는 누군가의 아들이고, 누군가의 손자를 지키던 한 명의 용감한 청년이었다.

가장자리에서 사람을 지키던
청년, C 씨

다른 이들이 중심부로 뛰어들 때, 가장자리에서 조용히 누군가를 지키는 사람들이 있었다. C 씨가 바로 그런 사람이었다. 새벽 3시가 조금 넘은 시각, 그는 닫혀 있어야 할 법원 후문이 열려 있는 것을 보았다. 안에서는 "도와주세요"라는 절박한 목소리가 흘러나왔다. 그는 망설였다. 그러나 누군가의 절박한 부름에 마음이 먼저 움직였다. 그는 중심으로 달려들지 않았다. 화단 옆, 가장자리에서 사람들을 도왔다. 넘어지면 일으켜 세우고 다쳤는지 살피며, 무서워하는 사람 곁을 지켰다. 아무것도 부수지 않았다. 소리를 지르지도, 경찰을 밀지도 않았다.

그는 단지 '사람'이 하고자 하는 행동을 했다. 도와야 한다는 마음 하나로. 사건 후 그는 오히려 자신을 자책했다.

"문이 열려 있었던 게……

제게 들어오라는 신호였던 걸까요."

그러나 나는 안다. 그를 이 자리로 부른 것은 '문'이 아니라 그의 마음이었다는 것을. C 씨는 기록 속에서 "침입자"지만, 현실의 그는 도와달라는 목소리에 귀 기울였던 단 한 명의 착한 청년이었다.

복수극인가, 정의의 실현인가

법조문은 순간을 기록하지만,
우리는 '사람'을 기억해야 한다

A 씨의 7분, B 씨의 10분, C 씨가 화단 옆에서 보낸 짧은 시간. 이 순간들은 법조문 속에선 징벌의 언어로 번역된다. 우리는 변호인으로서 그 시간을 사람의 언어로 다시 바라본다. 사건 번호로 호명된 청년 중 상당수가 이처럼 평범하고 조용하며 선한 이들이었다. 레거시 미디어가 자극적인 장면만 부각하는 동안 우리는 그 뒤에서 울고 있던 수많은 인간의 얼굴들을 보았다.

그들은 폭력을 행사하지 않았다. 오히려 많은 이들이 폭력을 말렸고 쓰러진 이를 일으켰으며, 울던 사람을 감싸 안았다. 그들이 선택한 행동은 짧았지만, 그 사랑과 용기와 선량함은 전혀 짧지 않았다. 마지막으로 우리가 새겨야 할 한 가지 진실.

"정의는 기록을 통해 집행되지만,
진실은 사람을 통해 드러난다."

우리는 법률가다. 법률가이기에 기록만 보고 사람을 잃어서는 안 된다. 청년들의 선택은 순간이었다. 그 순간을 만든 마음은 그들이 살아온 모든 날의 결과였다. 그 마음을 무시한 정의는 정의가 아니라 폭력이 된다. 나의 이 글이, 검은 법정의 벽에 갇혀 있던 그들의 얼굴을 세상 밖으로 다시 꺼내는 작은 창이 되기를 바란다. 서부 변호사로서 우리는 다짐해야 한다. 법이 사람을 잃지 않도록, 사람이 법 앞에서 무너지지 않도록, 희망을 지키는 법의 길을 걸어가야 한다는 것을.

유정화 변호사

윤석열 대통령과 김건희 여사 법률대리인단, '행동하는자유시민' 상임대표.

숙명여대 법학과 졸업. 사법연수원 42기, 서부자유변호사협회 회원.

복수극인가, 정의의 실현인가

법은 감정의 온도로 움직이지 않는다

"왜 그런 사람들을 변호하지?"

서부 사건을 맡은 이후 수없이 들었던 질문이다. 때로는 조롱 섞인 비난이었고, 때로는 안타까움이 묻어나는 충고였다. 나는 이 질문이야말로 우리 사회의 법치를 되돌아보게 하는 거울이라고 생각한다. 만약 사회가 그토록 미워하는 사람들에게는 변호 받을 권리를 주지 않는다면, 그 사회의 법은 이미 정의의 이름을 잃은 것이다.

2025년 1월의 그날, 서부지방법원 앞은 분노와 혼란으로 가득 차 있었다. 위법한 공수처 수사에 따라 위법에 위법을 더한 법관의 영장 발부 결정에 대한 격한 항의가 번졌고, 그 현장에 있었던 이들은 '폭도', '반법치적 세력'이라는 이름으로 사회적 매도 대상이 되었다.

그러나 내가 마주한 피고인들의 얼굴은 언론이 묘사한 '폭도'와는 달랐다. 누군가는 군 복무를 마친 지 얼마 안 된 청년이었고, 누군가는 생계의 터전을 잃고 분노에 휩싸인 가장이었다. 자신의 행동에 대한 책임을 회피하지 않은 용감한 시민들이었다.

나는 법정에서 늘 이렇게 말한다.

"이 사건은 집단적 폭동이 아니라,
위법한 공권력 행사에 따른 다중적 혼란의 결과입니다."

형법은 각자의 '고의'와 '인식 가능성'을 전제로 한다. 그저 '다수가 참여했다'라는 이유만으로 유죄로 단정하거나 같은 죄책을 부과할 수는 없다. 그런데도 1심 법원은 사회적 충격을 이유로 미진하게 법리적 판단을 하였고, 증거법에 관한 절차와 개별적 사정을 충분히 심리하지 않은 채 중형을 선고하였다. 이것이 내가 항소심에 이르러서도 여전히 싸우는 이유다.

형사 사법의 목적은 '응징'이 아니라
'절차적 정의'다

형사 절차의 목적은 범인을 처벌하는 데 있지 않다. 진실을 규명하고, 그 과정에서 인간의 존엄을 지키는 데 있다. 헌법 제27조는 "누구든지 법관에 의하여 재판을 받을 권리"를, 헌법 제12조는 "모든 국민은 신체의 자유를 가진다"라고 규정하고 있다. 이는 단순한 문장이 아니라, 형사 사법이 인간의 자유를 제한할 때 반드시 거쳐야 하는 절차적 약속이다.

이 사건에서 피고인들에 대한 일괄 구속과 모두를 공동 피고인으로 한 일괄 기소는 그 약속을 흔들었다. 수사 기관은 경중의 구분 없이 일괄 구속 영장을 청구했고, 법원은 충분한 심리 없이 피고인 대부분을 구속 상태로 가두었다. 나는 '보석허가청구서'에 이렇게 썼다.

형사 절차의 목적은 구금이 아니라,
진실 규명에 있다.

법은 사회적 보복의 수단이 되어서는 안 된다. 국가의 형벌권이 감정의 확증을 위한 장치로 변할 때, 그 순간 법치주의는 붕괴된다. 나는 항소심에서 반복해 주장하고 있다.

"형벌은 정의의 최후 수단이어야 한다."

교정과 회복의 가능성을 닫아버리는 재판은 결국 또 다른 폭력을 낳는다. 형법 제1조는 "범죄와 형벌은 법률에 의하지 아니하고는 인정되지 않는다"고 선언한다. 이는 곧 국가의 처벌권이 자의적으로 행사되어서는 안 된다는 뜻이다. 그 한계를 지키는 것이야말로 변호인의 존재 이유다.

정당 행위와 공익 목적,
그리고 인간의 맥락

이 사건의 본질은 "폭력의 결과"가 아니라 "감정의 배경"에 있다. 형법 제20조는 "법령에 의한 행위 또는 사회 상규에 위배되지 아니하는 행위는 벌하지 아니한다"라고 규정한다. 이 조항은 법이 단순히 결과만을 보지 않고, 행위의 사회적 의미와 맥락을 고려하도록 만든 안전장치다. 물론 이 사건 피고인들이 그 조항의 보호를 온전히 받을 수는 없을 것이다. 그러나 그들이 '정치적 폭력 세력'으로만 단정되어 인간의 동기와 사정을 완전히 배제한 채 처벌받는다면, 그것은 형벌의 본래 목적에서 한참을 벗어난 일이다.

복수극인가, 정의의 실현인가

변호사의 자리는 언제나
불편하다

변호사는 언제나 경계 위에 서 있는 사람이다. 국민의 눈에는 '죄인을 감싸는 사람'으로 보이겠지만, 사실 변호사는 법의 경계를 지키는 최후의 수호자다. 국가 권력이 법의 이름으로 개인의 자유를 제한할 때, 그 절차가 합당한지를 검증하는 존재, 그게 바로 변호인이다.

나는 이 사건을 맡으며 수없이 흔들렸다.

여론의 압박, 동료들의 회유 속에서도 단 하나의 질문이 나를 붙잡았다.

"법이 이들을 포기한다면,
그다음은 누구 차례인가."

그 질문 앞에서 나는 포기할 수 없었다.

최소한의 약속,
정의에 있어 최후의 보루

2025년 현재, 대한민국은 '선출 권력이 우위에 있다'라는 헛된 망상과 민주적 정당성을 내세워

삼권 분립을 기망하고, 근거 없는 헛소문과 '찌라시'로 사법부를 겁박하는 미친 입법 권력 시대에 위태롭게 서 있다.

물론 법은 완전하지 않다. 법은 인간이 폭력과 감정으로부터 자신을 구하기 위해 만든 최소한의 약속이다. 그 약속이 무너질 때, 사회는 증오의 언어로 가득 차게 된다. 나는 그 약속을 지키기 위해 이 싸움을 계속하고 있다. 항소심 재판은 여전히 길고, 때로는 무기력해진다. 하지만 피고인들이 보내오는 짧은 편지 한 통이 나를 버티게 한다.

"끝까지 우리를 믿어줘서 감사합니다."
"힘든 싸움을 함께해 주셔서 감사합니다."

그 문장 한 줄이, 내가 이 길을 선택한 이유를 다시 일깨운다. 변호란 잘못을 감싸는 일이 아니다. 절차적 정의와 인간 존엄을 끝까지 포기하지 않는 일이다. 그 싸움은 언제나 고독하지만, 절대 헛되지 않는다.

'내가 뭐라고,
어찌 감히 혼자만 포기할 수 있으랴.'

나는 오늘도 법정으로 향한다.

복수극인가, 정의의 실현인가

그리고 마음속으로 되뇐다.

'법은 여전히 살아 있다.
내가 포기하지 않는 한.'

○○○ **변호사**

서부자유변호사협회 회원.

N극과 S극처럼 다른 세상에서

–

○ ○ ○ 변호사

2025년 1월 19일 이른 아침, '시위대가 서부법원에 들어가 경찰을 폭행하고, 창문을 부순 뒤 법원 내부로 들어가 기물을 파손했다'라는 속보가 떴다. 언론은 시위대를 폭도로 몰아가는 온갖 기사로 도배질이었다.

다음 날 오전, 나는 체포된 사람들 몇 명을 접견했다. 개략적인 사실 관계를 듣고 난 후 영장 실질 심사를 준비했지만, 구속영장은 끝내 발부되고 말았다. 이후 모든 것은 자로 잰 듯 일사천리로 하나의 정해진 목표를 향해 달려가는 듯했다. 체포된 사람들은 경찰 조사를 받았고, 검사는 모두를 구속 기소했다. 예외란 없었다.

이후 내 삶 앞엔 두 개의 세상이 놓였다.

N극과 S극만큼 다른 세상이었다.

복수극인가, 정의의 실현인가

현직 대통령에 대한 구속 영장이 발부되면서 '계엄은 곧 내란'이라는 뉴스가 빗발쳤다. 사람들의 이성을 마비시키기에 충분했다. 그래서였을까. 서부법원 사건은 사람들의 머릿속에 '내란을 일으킨 대통령의 구속 영장 발부를 막기 위해 일으킨 폭도들의 폭동'으로 자리 잡게 되었다. 솔직히 나 역시 그때까지만 해도 반신반의했었다. 구치소에 갇힌 그들을 접견하고 재판 준비를 하지 않았다면 휩쓸렸을 마음이다.

구속 기소된 사람 중에는 새벽 3시 30분을 넘겨 서부법원에 도착해 법원 안으로 들어갔던 청년들을 데리고 나오려 했던 분이 있는가 하면, 흥분한 시민들을 달래서 데리고 나오기 위해 들어간 사람도 있었다. 법원 밖에서 시위하듯, 열려 있던 법원 후문을 통해 들어가 주차장 인근에서 시위하던 사람들도 있었다. 취재를 위해 법원 내부로 들어간 후 흥분한 청년들을 데리고 나온 기자도 있었다. 쏟아지는 뉴스 내용과는 사뭇 다른 사람들이 많았다.

국민으로서 불행한 일을 막아보려는 애국 시민들이었다. 국가에 대한 염려와 걱정이 표출되어 법원에 들어갔던, 우리 이웃의 선량한 시민들이었다. 서부법원 사건으로 재판을 받게 된 사람 중 상당수는 폭도나 폭동을 일으킨 사람들이 아니었다.

내 삶은 평상시에는 '서부법원에 들어간 사람들은 폭도이자 폭동을 일으킨 사람'이라는 생각이 지배하는 세상에 살았고, 구치소로 접견을 가거나 사건을 처리할 때는 '폭도가 아닌 소시민'과 함께하는 세상에 살게 되었다. 서부법원 사건 재판은 이러한 두 개의 서로 다른 세계가 충돌하는 생생한 현장이자, 시국 사건으로 시작되었다.

형사 재판은 무죄 추정의 원칙이 적용된다. 재판부는 당연히 유죄의 심증 없이 공명정대하게 재판을 진행해야 한다. 그러나 서부법원 사건 재판에서는 재판받는 '피고인들'이나 변호하는 '변호인들'로서는 재판이 진행되면 될수록 그런 생각은 할 수조차 없었다. 재판부는 이미 언론에서 쏟아내는 자극적인 속보처럼 피고인들을 '폭도이며 폭동을 일으킨 사람들'이라 낙인찍은 듯했다.

피고인 상당수가 공소 사실을 부인하는 건 너무나 당연했다. 하늘이 무너지는 듯한 일이 벌어진 것이었으니. 그런 피고인을 향해 재판부는 오히려 궁금해했다고 한다.

'도대체 무슨 이유로 공소 사실을 부인하는지,
과연 이 사건이 부인할 만한 사건이 되는지.'

이 말은 곧 서부법원 사건은 재판을 시작하기도 전에 이미 유죄가 선고되고, 중형이 선고될 게 예상되는 재판이었다. 이미 언론이 속보로 쏟아낸, 피고인들을 유죄로 만들 증거는 차고 넘쳤던 것이다.

복수극인가, 정의의 실현인가

우리의 형사 소송법은 법관이 피해자일 때 재판에서 제척되는[02] 것으로 규정하고 있다. 피해자가 재판하면 보복 심리로 인해 공정하고 객관적인 재판이 이루어지기란 불가능하다. 서부법원 사건은 '서부법원 영장 담당 판사의 대통령에 대한 구속 영장 발부'가 직접 원인이 되어 일어난 사건으로 서부법원 법관들을 사건 피해자로 봄이 타당하다. 서부법원이 아닌 다른 법원에서 재판이 진행되어야 공정성을 담보할 수 있다. 재판부는 이를 거부했다.

피해자인 서부법원 판사에게 재판받는 것은 피고인과 변호인에겐 매우 두려운 일이었다. 그런 법원 분위기가 조금씩 바뀌기 시작한 건 재판이 진행되면서부터였다. 변호인들의 적극적인 다툼이 어느 정도 통하기 시작했다.

피고인 한명 한명이 어떻게 법원에 들어가게 됐는지,

수사, 기소, 증거 등의 위법성,

기소된 죄의 잘못된 해석과 법 적용,

좌편향 사람들보다 과도하게 인신 구속이 행해진다는 점,

여론 재판이 되어서는 안 된다는 점.

---

02   除斥: 배제하여 물리침.

이와 같은 치열한 다툼의 재판 과정이 여러 번 진행되면서 서부법원 사건은 언론에 의해 주입된 '폭도들의 폭동'이라는 재판부 생각에 조금씩 변화하는 느낌을 감지할 수 있었다.

구속 기간 만료를 앞둔 2025년 8월 1일. 마침내 판결이 선고되었다. 예상대로 모두 유죄가 선고되었지만, 양형에서 예상보다 낮게 선고된 사람도 있었고, 예상보다 높게 선고된 사람도 있었다.

이 글은 서부법원에 들어가 경찰과 대치하고 내부로 들어가 기물을 파손한 행위들을 옹호하기 위한 글이 아니다. 언론에 의해 폭도로 낙인찍힌 사람들 중 그렇지 않은 사람이 더 많고, 아무리 큰 잘못을 했더라도 형사 소송법상 피의자와 피고인의 권리를 보호하고 형사 절차상 권리가 보장되어야 하며, 정치 이념에 따라 누구는 쉽게 구속되고, 누구는 구속조차 되지 않는 것은 부당하다. 어떤 재판도 여론 재판으로 몰아가서는 안 된다는 사실을 알리고자 함이다.

이것은 곧 우리의 법치주의를 지키고, 법치주의 최후의 보루인 사법부를 지키기 위함이다.

○○○ **변호사**

서부자유변호사협회 회원.

불안한 예감은 결국 현실로

　　　　　　2024년 12월 3일, 거리에는 이른 성탄절과 연말연시용 마케팅으로 야단스러움이 넘쳐 흘렀다. 감흥은 없었다. 나는 여느 때처럼 저녁 10시 가까운 시간에 귀가 후 잠자리에 들었다. 쉽사리 잠들지 못했다. 하루라도 조용한 날이 없는 이 나라의 현실 때문이었다. 민주당의 압승으로 끝난 총선과 이재명의 사법 리스크 제거를 위한 막무가내 탄핵 난동에 예산 폭거까지. 잠자리에 들어서도 쉽사리 잠들지 못하는 이유였다.

　2025년은 또 어떻게 흘러갈지…….

　숱한 생각들이 머릿속을 벌집 쑤시듯 유영했다. 그중에 툭 비집고 나온 문재인 시절, 무자비한 인사 학살로 자신의 자리를 잃고 7년이 넘도록 온갖 고초와 수모를 당하며 버티고 있는, MBC의 그들을 생각하고 있던 찰나였다. 밤 11시가 훌쩍 넘은 시간에 핸드폰이 몽니를 부렸다. 친한 후배였다. 열렬한 더불어민주당 열성 당원. 이 시간에 무슨 일일까 싶어 핸드폰을 들었다. 순간, 난 처음 내 귀를 의심했다.

"계엄이야, 계엄이 선포됐다고!"

뭐라고, 계엄? 많은 사람들이 그랬던 것처럼 나도 처음엔 그 말을 믿을 수가 없었다.

"어떻게 된 거야 선배?"

후배는 나의 정치적 성향을 참작해 보수 진영에서 계엄에 대해 뭔가 이야기가 있었는지를 확인하려는 듯이 자못 침착하게 물었다. 나는 대답 대신 깊은 한숨을 내쉬었다.

'대체 뭘 어쩌려고?'

열렬한 좌파들로 가득한 대학 동기 단톡방을 들여다보니 역시 난리였다. 당장 무슨 큰일이 벌어지기라도 할 것처럼 떠들썩

복수극인가, 정의의 실현인가

했다.

　　"의회 과반수로 계엄 해제 의결이 가능하니
　　너무 걱정하지 마!"

　내 말에 안도하는 친구가 있는 반면에 '그래도 모를 일이니 국회 앞으로 모이자'는 동기도 있었다. 그 말에 나는 속으로 '뭐 하러? 곧 끝날 것 같은데……'라며 단톡방을 나와 버렸다.
　그날, 많은 국민이 뜬눈으로 밤을 새웠다고 했다. 나는 이상하리만치 아무런 일도 없었다는 듯이 곧 잠이 들었다. 다음 날 눈을 떠보니 예상대로 다른 일은 없었다. 국회는 계엄 해제를 의결했다. 국민의힘 내 한동훈계와 안철수, 그리고 개혁신당이 계엄 해제에 가세했다.
　기성 언론들은 대통령의 고유 권한인 계엄을 '내란'이라 언급하기 시작했고, 더불어민주당 역시 한술 더 떠서 '내란 몰이'를 하며 대통령에 대한 탄핵을 진행했다. 한동훈이 더불어민주당과 손잡고 앞장서 선동했고 이준석과 안철수 등이 가세했다. 나는 그런 한동훈을 보며 '그가 헛짓한다'고 생각했다. 이런 정국에서 더불어민주당 이재명 대표가 한동훈과 타협할 이유가 없었다. 한동훈의 임시 권력을 허용하겠느냐 말이다. 만에 하나 한동훈이 그렇게 생각했다면 성년후견이 필요하다.

혼란스러운 가운데, 애국 보수 세력들은 계엄을 지지하며 탄핵에 반대했다. 광화문에서, 한남동 공관 앞에서 연일 집회가 이어졌다. 박근혜 대통령 탄핵 때처럼 '국민이 대통령을 지켜야 한다'며 분연히 일어섰다. 나는 회의적이었다. 청년들이 집회를 주도한다고 했다. 나는 여전히 '그런다고 달라질까' 싶었다. 결국, 윤석열 대통령은 체포되었다.

공수처가 구속 영장을 청구했다. 체포 영장 청구 때와 마찬가지로 '내란 혐의'였다. 공수처의 내란죄에 대한 수사 권한이 없는 것이 명백했지만, 관련 사건으로 수사 권한이 있다는 억지에 따른 거였다.

나는 영장이 발부될 거로 예상했다. 실제로 영장이 발부되었다. 영장 발부에는 '증거 인멸 및 도주 우려가 있다'는 것 외에 다른 내용은 없었다. 이것은 이미 답이 정해진 결론을 내렸다는 것이다. 영장 발부 판사가 차라리 좌파였다면 영장 발부 사유를 소상히 밝혔을 것이다. 여기까지는 예상한 대로였다. 대단하고 특별한 지식이 있어서가 아니라 오로지 경험에 의한 예측이었다.

자칭타칭의 법원 초엘리트 권순일이 이재명의 피선거권을 지켜주는 대법원 판결을 주도하였을 때 이미 대한민국 법원은 정상이 아님이 확인되었다.

복수극인가, 정의의 실현인가

그렇게 찾아온

윤석열 전 대통령에 대한 구속 영장 실질 심사가 예정된 2025년 1월 18일. 개인 사정으로 지방에 머물러야 했던 나는 법원 앞 집회에는 참석할 생각조차 하지 않았다. 이전 한남동 집회 상황도 유튜브를 통해 눈으로 보기만 했을 뿐이다. 솔직히 참여할 생각을 해본 적이 없었다.

나로 말하자면 좋게 말하면 냉소주의, 실상은 패배주의에 젖어 있었다.

'저렇게 집회를 한다 한들 무슨 소용이 있나.

답은 이미 정해져 있는데.

이재명이 계엄을 기화로 권력을 찬탈할 걸 뭐.

뭣도 모르고 까불고 있는 한동훈은 정신 차릴 날이 올까?'

다음 날 오전. 유튜브를 보고서야 심각한 일이 발생한 걸 알게 되었다. 시위 군중이 서부지법에 진입했고, 많은 사람이 체포되었다는 사실을 알게 된 것이다. 윤석열 전 대통령에 대한 구속 영장이 발부되었다는 사실은 전혀 놀랍지 않았지만, 시위 군중이 이를 끝내 용인하지 않았다는 사실엔 해머로 머리를 맞은 듯했다.

'나는 뭘 해야 하는 거지?'

짧은 시간에 수많은 생각이 스쳐 지나갔다. 반쯤 넋이 빠진 듯이 멍한 느낌을 떨쳐 버릴 수 없을 때, 두 사람에게서 연락을 받았다. 적극적이라고는 볼 수 없는, 기존 내 나름의 투쟁 방향을 지휘했던 사람이었다. 다짜고짜 내게 질문을 던졌다.

"서부지법 청년들을 위한 변호인이 필요하다.
당신의 연락처를 공개할 수 있겠는가?"

그러마고 승낙하는 데에는 그리 오랜 시간이 걸리지 않았다. 고민해 봐야 답이 다를 것 같지도 않았다. 최후의 순간이 오면 광화문에서 싸우다 죽겠다는 말을 입버릇처럼 말했다. 이건 싸우다 죽는 길도 아니었다.

연락이 빗발처럼 쏟아졌다. 나는 급하게 서울로 올라와 변호를 맡을 이들의 인적 사항과 내용을 정리한 다음, 함께 변호를 자원한 김지미 변호사가 공개한 연락처로 연락했다. 그는 이름만 익숙할 뿐, 나와는 친분이 있던 분은 아니었다. 그는 사건이 있던 2025년 1월 18일부터 마포경찰서 유치장에 체포된 이들을 접견했고, 관악경찰서로 이동해 유치된 이들을 접견해야 한다고 했다. 서둘러야겠다고 생각했다.

김지미 변호사로부터 연취현 변호사도 자원했다는 소식을 들었다. 이후 이하상 변호사와도 연결이 되었다. 이하상 변호사는 10년 전 고용으로 있을 때 사석에서 몇 번 만난 적이 있었다. 내가 개업할 때는 개업 인사를 나누기도 했었다. 그 후 명절에 가끔 안부 문자를 나누다가 연락이 끊겼었는데 위급한 시기에 다시 연결되었다. 이하상 변호사를 통해 황교안 전 총리를 비롯한 다른 변호사들과도 연결되었다.

월요일, 공수처 차량을 막았다는 혐의로 체포되어 금천경찰서 유치장에 유치된 시민 2명의 접견을 시작으로 본격 변호 활동을 시작했다. 연락이 닿은 체포자 중에 극히 일부가 석방되었다는 연락을 받았다. 그 외 대부분은 그대로 구속 영장이 청구되고 말았다. 최소한 단순 가담자, 특히 금천경찰서에 유치된 분들과 같이 서부지법 사태 발생 이전에 체포된 분들은 내심 영장 청구가 기각되지 않을까, 하는 막연한 기대를 했었다.

영장 실질 심사가 진행되었다. 내 기억으로는 2개의 재판부에서 이뤄졌다. 실질 심사에서 나는 다음과 같이 변론했다.

'공모한 사실이 없고, 공수처 공무원들에 대한 직접적인 위협 의사는 없었다.'

그러자 영장 심사 판사는 대뜸 이렇게 물었다.

"범행을 부인하는 겁니까?"

순간, 정신이 번쩍 들었다. 지금의 사건은 다른 사건들과는 분위기가 완전히 달랐던 것이다.

혹시나 했던 나의 마지막 기대는 영장 심사가 있던 다음 날 점심 무렵부터 쏟아지는 속보에 가차없이 무너지고 말았다. 사실상 전원 구속 영장이 발부된 것이다. 그들은 대부분이 지금껏 살면서 경찰 조사 한 번 받은 적이 없는 이들이었다. 당사자는 물론 가족들 모두는 충격과 공포에 휩싸였다. 나 역시 크게 다르지 않았다. 그들은 속절없이 구치소로 이송되었다.

곧바로 이어진 구속 적부심. 어두컴컴한 서울중앙지방법원 복도와 법정에서 갑작스레 가족들과 떨어지게 된 이들을 보며 형언할 수 없는 고통을 느꼈다.

대통령 권한대행의 권한대행 최상목이 주도하여 결정한 대체 휴일로 길어진 설 연휴. 적부심이 아니면 꼼짝없이 격리된 시간을 보내야 했던 그날은 몹시 추웠다. 차라리 휴일에도 변호인과 가족 접견이 가능했던 경찰서 유치장이 훨씬 나았다.

복수극인가, 정의의 실현인가

청년들의 분노는 '불법 수사'에

그렇게 떼구속[03]이 지난 다음에는 떼체포[04]가 뒤를 이었다. 하루에도 몇 명씩 체포하는 바람에 변호를 맡은 변호사들은 마포경찰서를 비롯해 성북경찰서 유치장을 제집처럼 드나들어야 했다.

자수해도, 범행을 모두 인정해도 구속은 피하지 못했다. 급기야 대부분 중형을 선고받았다. 서부지법 사태로 경찰관들이 다쳤다고는 하지만, 심각한 중상자는 확인되지 않았다. 법원 경위 등이 공포감을 느꼈다 해도 다친 사람은 없었다. 체포된 대부분 시민은 전과가 없었다. 그들 가운데는 의사와 약사도 있었다. 그래도 구속되었고, 중형이 선고되었다.

청년들을 만나면서부터는 정말로 끔찍했다. 그들의 행위가 끔찍해서가 아니라, 그들이 너무도 평범했기 때문이었다. 대단한 신념이 있는 것도 아니었다. 그들 생각에 대통령에 대한 수사는 잘못되었고, 영장 기각은 당연하다고 여겼다. 이를 다른 곳도 아닌 법원이 무시했기에 격분했을 뿐이다. 물론 온라인에 대통령에 대한 구속 영장이 발부되면 담당 판사를 해하겠다는 글을 올린 이가 있었다. 이를 이유로 법원은 중형을 선고했다. 그렇지만 그런 표현을 했던 것은 '영장이 발부될 수 없고, 발부되

---

03 한두 사람이 아닌, 무리 지어 일시에 구속한 상황.
04 한두 사람이 아닌, 무리 지어 일시에 체포한 상황.

어서는 안 된다'라는 생각일 뿐이었다.

청년들이 진짜로 분노한 것은 대통령에 대한 '불법 수사' 논란에 있었다. 이해하기 어려운 내용이 아님에도 법원은 이를 언급조차 하지 않았다. '불법 수사' 논란은 원래 그런 게 아니었다. 문재인 정권과 민주당이 만든 '검경수사권 조정'과 '공수처' 신설로 인한 것이었다. 차라리 경찰이 수사하고 영장을 청구해서 그것이 '내란이냐, 아니냐'와 같은 난해한 문제였다면 서부지법 사태는 발생하지 않았을 것이다.

이런 청년들을 두고 좌파 언론은 괴물로 몰아갔다. 코미디언 강성범은 "변호인 선임할 것도 없다"라고 조롱했다. 그래서일까. 많은 사람이 서부지법 사태로 구속된 이들 모두가 심각한 폭력 행위를 저지른 것으로 여겼다. 변호를 자원하지 않았다면 나도 그렇게 생각했을지 모른다.

요즘 들어 주변에서 20~30대 청년들을 두고 이러저러한 이야기하는 것을 들었다.

꿈이 없다.
나약하다.
자신만 안다.
변덕이 심하다.

서부지법 청년들은 나의 20~30대와 다르지 않다. 뭔가를 하고 싶고 이루고 싶은데 길이 보이지 않아 불안한 청년기를 보내는 중이다. 아직 세상을 잘 알지 못하기에 그때의 나처럼 쉽게 타협하거나 포기하지 못하는 것일 뿐이다. 또래의 내가 느꼈던 불안과 분노를 그들도 당연히 느끼는 것을 나 스스로가 외면하지 않았나, 하는 반성을 해본다.

후회하는 것은 단 한 가지다. 그들을 굳이 알려고 하지 않았다는 점. 가진 것 없고 물려받을 게 없는 청년들이 갖는 느낌과 생각을 나 역시 가지고 있었음에도 내 눈에 보이지 않았다는 이유로 외면했다. '노~력'만 외치는 대한민국 기득권의 행태와 조금도 다름없다.

서부지법 사태는 어느 날 갑자기 찾아온 것이 아니었다. 완전하지 않지만 성숙한 인격체로서 그들이 느꼈고 느낄 수밖에 없었던, 무능력하지만 부패하기만 한 똥팔육 기득권에 대한 누적된 분노와 불만이 자연 현상으로 터진 것이다. 이들을 외면한 대한민국에 미래는 없다.

비극적이기에 '생애 최고의 해'

스티븐 스필버그 감독이 매년 몇

번씩 관람한다는 윌리엄 와일러[05] 감독 영화 〈우리 생애 최고의 해〉는 1946년에 제작되었다. 제목만 보면 제2차 세계대전의 승리를 맛본 제대한 군인들이 희망찬 미래를 누리는 영화처럼 보인다. 그러나 등장하는 3명의 제대 군인 면면은, 희망과는 거리가 멀다. 천재 감독인 만큼 코미디를 섞어 인물들이 겪고 있는 비극을 어느 정도 희화화하지만, 오히려 그렇기에 절절하다.

양손을 잃은 해군 '호머'는 정상적인 삶의 복귀가 불가능할 것으로 생각한다. 상류층이면서 나이가 많음에도 자원입대하여 해병대 부사관으로 참전한 듯한 '알'은 오랜 세월 떨어져 지낸 가족과 조국에 어색함을 느껴 불안해하며 술에 의존한다. 빈곤층 출신이지만 각고의 노력으로 육군 항공대 장교로 임관한 '프레드'는 자신의 처지가 예전으로 돌아가는 것에 낙담하여 잠시 꿈을 포기한다. 영화는 주인공들이 자신의 꿈과 희망을 다시 찾고 앞으로 나아가는 것으로 끝난다. 그렇지만 이것은 어디까지나 감독의 바람에 지나지 않는다.

실제로 윌리엄 와일러는 제2차 세계대전이 발발하자, '알'처럼 자원입대한다. 이미 영화감독으로 상당한 지위에 있었던 그는 전투에 직접 참여하지는 않지만, 종군 다큐멘터리 감독으로

---

05   William Wyler(1902~1981). 미국 영화 감독. 독일 뮐루즈에서 태어나 18세 때 미국으로 이민 갔다. 이후 유니버설사의 선전부에 입사해 조감독을 거쳐 감독으로 데뷔했으며, 나중에 영화 〈벤허〉로 아카데미상을 석권했다.

서 독일 폭격을 주도한 미 제8공군 폭격기에 탑승하여 다큐멘터리를 제작했다. 촬영 중 촬영 스태프가 탑승한 폭격기가 격추되는 바람에 동료를 잃기도 했다. 폭격기에 탑승하다가 귀 가까운 곳에서 발사된 기관총 소음에 상당 기간 청력을 잃기도 했다. 프레드가 고향으로 돌아온 날 밤, 악몽을 꾸는 장면이 실감나게 표현된 것은 감독의 이와 같은 경험과 무관하지 않다. 감독 스스로 영구적인 청력 상실로 영화인으로 사는 삶을 지속할 것인지 알 수 없는 불안 속에 영화를 만들었다.

서부지법 청년들을 변호하는 가운데 윤 대통령의 탄핵 결정이 있었고, 조기 대통령 선거도 치렀다. 많은 기대를 한 건 아니지만, 혹시나 하는 마음이 없었던 것은 아니다. 서부지법 청년들을 위한 사회 인식과 진심이 통할 것을 기대했다. 그렇지만 청년들이 제기했던 문제의식을 뭉개버린 채 윤 대통령에 대한 탄핵 인용이 되었고, 입으로만 청년들을 앞세운 선거였다. 박근혜 대통령 탄핵에서 얻은 교훈으로 국민은 간절함의 뜻을 모았으나, 정형식·김봉혁·조한창 헌법 재판관은 문형배 들러리 역할만 충실히 수행했고, 김문수는 구태의연 그 자체였다.

이후 서부지법 청년들의 중형 선고에 나는 정신을 가다듬지 못했다. 자괴감과 수치심으로 여름을 마감했다. 어리석은 청년 시절처럼 웅크린 채 무익한 한탄과 좌절에 빠지고 말았다.

그렇지만 다시 마음을 다잡고 묵묵히 구속을 견디고 있는 청년들을 마주하면서 내 자신을 다독였다. 예전처럼 연민에 빠지는 것은 마음의 사치 같았다. 어차피 기대했던 그들 기득권은 '무늬만 애국이고 보수'일 뿐, 그들이 대한민국을 살릴 수 없다는 걸 진즉 알고 있지 않았던가.

1찍들과 기회주의자들로 둘러싸여 보내고 있는 50대 중반의 생은 지루하고 끔찍하다. 자신의 처지를 망각하고 국뽕과 적선에 취한 영포티들을 생각하면 토가 나올 지경이다. 자녀 입시와 출세, 그리고 자산 자랑질에만 매몰되어 청년들을 무시하면서 자신이 청년이라는 망상에 찌들어 있지 않은가 말이다. 자신의 성공이 대한민국 성공에서 비롯된 것임을 부정하며, 자신과 후손의 미래를 파괴하고 있는 그들을 보면, 손가락 하나 까딱하고 싶지 않다.

오히려 서부지법 청년들로부터 힘을 얻는다. '아닌 건 아니고, 부당한 건 부당하다고 외친' 청년들이 있기에 나는 아직 여기에 서 있다. 2025년은 내 생애 최고의 해다!

임응수 변호사

서부자유변호사협회 공동사무총장. 영동고, 서울대 사회학과 졸업, 사법시험 46회, 사법연수원 36기.

복수극인가, 정의의 실현인가

12월 3일, 1월 19일, 그리고 오늘

-

○○○ 변호사

사랑하는 대한민국,

2025년 12월 3일 다시 씁니다!

처음에 글을 써야겠다, 책을 남겨야겠다, 생각했던 것은, 비망록(잊히지 않기 위한 기록)을 소상히 남기는 것이었습니다. 마치 《뮈텔 주교의 일기》[06]처럼 자세하고 지루할 만큼 길게 남길 필요가 있다고 생각했습니다. 긴 글을 썼습니다. 영어로도 쓰고. 법치주의가 무엇인지, 민주주의가 무엇인지, 지금 대한민국에서 어떻게 법치주의가 무너지고 있는지, 헌법이

---

06 귀스타브 샤를 마리 뮈텔Gustave Charles Marie Mutel(1854~1933): 제8대 조선대목구장(우리나라 천주교 최고 책임자 격) 주교의 일기입니다. 두꺼운 하드 커버 책 8권으로, 원고지 약 3만 장 정도의 분량으로 매우 방대한 양입니다. 구한말부터 일제강점기에 이르는 격동기의 한국 역사 속에서 프랑스 출신 주교가 사소한 것에서부터 중요한 일까지 자신의 일기 형식으로 적은 기록입니다. 필자가 가톨릭 신자라고 하자, 지인 중 한 분이신 기업인이 선물해 주셔서 읽는 행운을 갖게 되었습니다.

무엇인지, 삼권 분립이 왜 중요한지, 그리고 1월 19일 밤에 있었던 일에 대하여, 그전에 있었던 많은 일에 대하여, 형사 소송법의 구체적인 법리를 손가락이 부러져라 설명하고, 그것이 어떻게 무시되고 있는지 써 내려갔습니다. 써도 써도 마무리되지 않았습니다. 절대로 마르지 않는 눈물처럼 할 이야기는, 남길 이야기는, 잊지 않도록 기록해야 할 것들은 끝이 없었습니다.

이 글을 마무리하는 오늘, 2025년 12월 3일이 되었습니다. 앞서 쓴 글을 전부 지우고 다시 시작합니다.

2024년 12월 3일에는 포근한 집에서 제가 출강하는 학교 강의 기말고사를 크리스마스 노래를 흥얼거리며 출제하고 있었습니다. 미국 로스쿨Law School 교재를 골라 제가 강의하는 수업의 지정 교과서로 삼았는데, 학기를 마무리하면서 책을 꼼꼼히 살피고 있었습니다. 마이클 부블레Michael Bubble 노래를 부르고 있는데 누군가가 계엄이 선포되었다는 거짓말 같은 이야기를 보내 주었습니다.

라쇼몽羅生門,

누가 사무라이를 죽였나

보고 있던 교과서에는 '라쇼몽'

복수극인가, 정의의 실현인가

이야기가 펼쳐져 있었습니다. 〈라쇼몽〉이라는 영화는 워낙 유명해 따로 설명해 드릴 필요가 없겠습니다만, 일본의 거장 구로사와 아키라 감독의 작품으로, 사무라이의 살인 사건을 두고 등장인물이 모두 다른 말을 하는 내용의 영화입니다. 영화는, 누가 사무라이를 죽였나에 대한 진실을 밝히고자 하나, 오히려 진실을 밝히고자 하는 이야기가 진행되면서 진실이 무엇인지 갈수록 알 수도 없고, 점차 미궁으로 빠져드는 것을 보여 줍니다. 그 과정에서 영화에 등장하는 승려가 이렇게 탄식합니다.

"이것은 지옥이야,
이것은 지옥이야."

12월 3일 그 이후

실패한 계엄이었습니다. 대통령의 명령이 먹히지 않았습니다. 충격적이게도 대한민국 대통령의 명령은 일사불란하게 이루어지지 않았고, 방위첩보사령부가 대통령의 명령을 불복종하였습니다. 권한 없고, 우습기만 한 대통령의 현실을 조롱하듯 보여 준 창피한 해프닝 같았습니다. '아이고 대통령이 앞으로 언론에서, 식탁에서 온통 조롱당하겠구만!'이라고 생각했습니다. 그렇지만 저는 대한민국의 법과 헌법을 믿었습니다. 계엄을 선포할 수 있는 권한은 대한민국 헌법과 법령이 규정하는 대통령 고유의 권한입니다. 저는 대한민국의 법치주의를 믿었습니다. 그러나 대통령의 구속, 탄핵, 그 밖의 이해관계자들 법정 소송의 전개 방식, 언론의 움직임 등은 제 온몸에 소름이 돋게 했습니다. 일주일을 언어 장애인으로 지내게 했고,[07] 아득한 정신으로 실신하게 했으며, 몇 차례나 다리에 힘이 풀리고 귀에서 앵앵 소리가 들리게 했습니다.

대한민국은 사라진 것인가?
내가 듣고 있는 소식이 진실인가?
나는 꿈을 꾸는가?

한일 병합이 되었던 순간, 다수의 국민은 이를 알지도 못했고, 알게 된 후에도 그것이 무엇을 의미하는지 몰랐다고 합니다. 홍콩은 제가 20대였을 때만 해도 아시아에서 가장 자유롭고 부유한 곳이었습니다. 홍콩 사람들은 홍콩에서 아무리 바람이 불어

---

07 어떤 뉴스를 듣고 갑자기 온몸에 소름이 돋았습니다. 그 이후로 일주일 동안은 전혀 목소리가 나오지 않았으며, 그 뒤 일주일은 겨우 쉰 목소리, 그렇게 차츰 다시 목소리가 돌아왔습니다.

복수극인가, 정의의 실현인가

봤자 그곳이 가장 자유롭고 부유하다는 믿음이 있었고, 그 바탕에서 자신의 소임을 다하면 된다고 믿었을 것입니다. 그와 같이 저는 대한민국을 믿고 대한민국의 법과 헌법과 민주주의를 믿었습니다.

12월 3일에는 아무것도 두렵지 않고, 걱정이 되지도 않았습니다. 그 이후에 벌어지는 일들을 보면서 비로소 두려움에 이가 덜덜 떨릴 지경이었습니다. 제가 믿고 있던 대한민국은 없었습니다.

제가 사랑하는 대한민국은 혼란에 빠졌고, 대통령이 대한민국의 혼란을 초래했다며 사람들과 언론이 목소리를 높이기 시작했습니다. 그 목소리는 논리적이지도 법치에 맞지도 않았지만, 그 흐름이 너무나 빠르고 체계적이어서 순식간에 나라를 휩쓸 것 같았습니다. 믿을 수 없었고 무서웠습니다. 잠시 참여하고 사임하게 된 김용현 장관님의 공판정 변론은 그야말로 충격이었습니다. 국가 기밀이 아무렇지도 않게 공개되고 있었고, 군인들은 증인으로 나와 상명하복을 부인하였습니다. 믿을 수 없었습니다.

'대한민국의 군은 계엄 전에 이미 존재하지 않았던 것이었나.
군인의 상명하복 의무는 단지 나의 착각인 것인가.
구전되는 전설일 뿐인가.'

공판을 마치고 법령을 찾아보니 여러 법령에서 군인의 상명하복이 명시되어 있었고, 이를 재판부에 제출하기 위해 정리하면서 제가 느꼈던 혼란과 충격은 아직도 생생합니다. 계엄 당시 중앙선거관리위원회는 아무도 감독하지 않았습니다. 믿을 수 없었습니다. 대한민국 선거는 이미 존재하지 않았던 것인가.

저는 의료기기를 다루는 회사 법무팀장으로 몇 년 근무했습니다. 기계를 다루는 업에 조금이라도 연관된 일을 하는 분들은 아실 겁니다. 현대 사회에서 우리가 사용하는 거의 모든 기계는 타국에서 원격으로 유지, 보수, 변형 및 조율Calibration이 가능합니다. 제조사에서 전 세계 기계를 원격으로 관리하고, 그 기계로 수집되는 정보를 처리(운용 및 가공을 포함)할 수 있도록 하는 것은 이미 너무나 당연히 이루어지고 있다는 것을 말입니다. 바꾸어 말하면, 이를 방지하기 위한 장치가 반드시 존재해야 하고, 그 장치를 24시간 관리 감독하는 책임자와 시스템이 존재해야만 대한민국의 선거 관리 서버와 기계장치를 신뢰할 수 있는 것입니다.

계엄 전, 대한민국은 이미 대혼란에 빠져 있었던 것입니다. 사무라이는 이미 죽어 있었던 것입니다. 도대체 사무라이를 누가 죽였는가. 제가 받은 충격은 나날이 커졌습니다. 대한민국처럼 저는 대혼란에 빠졌습니다.

2025년 1월 19일,
그 이후

따뜻한 집과 사랑스러운 일터에서 행복을 느끼는 평범하고 작은 소시민인 제가, 정신을 차려보니 서부지법 사건 관련한 변호를 하고 있었습니다. 새벽 3~4시까지 조사 입회하고, 밤을 새우고 아침이 되면 체포된 피고인의 부모님을 만나고, 구치소에 접견 가고, 포승줄에 묶인 까맣게 빛나는 눈을 가진 청년을 바라보면서 검찰청에서 눈물 흘린 기억들이 스쳐 지나갑니다. 처음 구치소에 갔던 날, 너무나 맑은 얼굴을 한 소녀가 구치소 옷을 입고 저를 만나러 나와서 밝게 인사하는 것을 보고, 울지 않을 방법이 없었습니다. 접견 시간이 다 되어도 자리를 뜰 수 없었고, '고난은 축복이 된다'는 말을 감히 할 수도 없었습니다. 같이 울 수밖에 없었습니다. 그 순간 제가 변호사고 아니고는 하나도 중요하지도 도움이 되지도 않았습니다.

63명을 한꺼번에 공소 제기한 공소장[08]은 믿을 수 없을 정도로 엉망이었습니다. 공소장 일본주의는 지켜지기는커녕 고려

---

08 합의부 피고인이 63명, 단독까지 포함하면 약 200명은 공소 제기, 100여 명은 구속되었습니다. 이들 모두가 법원에 들어간 것이 전혀 아닙니다. 당시에 현장에 없었던 분들도 많습니다.

조차 되지 않은 것 같았습니다. 63명의 피고인이, 같은 장소에 있지도 않았고, 같은 시간을 공유하지도 않았던 피고인들이 하나의 공소장으로 공소 제기되었습니다. 신성한 공판정을 이끄는 법관에게 예단을 가지지 못하도록 하는 공소장 일본주의 기본은 공소 사실 이외의 기타 사실을 기재하지 않도록 하는 것임에도, 변호사들이 피고인의 공소 사실을 찾기 어려울 만큼 기타 사실로 가득 차 있었습니다.

구치소에서 공판정을 오가는 피고인들은, 공판 날이 가까이 오면 너무나 긴장한 나머지 잠을 잘 수 없고, 공황장애에 시달리는 등 정신적인 고통은 물론 심장병이 발생하고, 설사를 참을 수 없게 되어 기저귀를 착용하는가 하면, 실신을 반복하기도 했습니다. 제가 들은 소식만도 이러하니 저에게까지 닿지 않은 사정들은 더 많을 것입니다. 공판을 진행하는 동안 저는 애국자가 아니라, 그저 제 피고인의 변호인이었습니다. 그때만큼은 철저하게 국가가 내 피고인을 위해 존재하는 것이지, 내 피고인이 국가를 위해 희생하는 것은 아니라는 믿음과 오직 소송 전략적인 생각으로 임했습니다. 변호사마다 철학과 직업의식이 다르겠지만, 저는 그렇게 생각합니다. 국가는 개인을 위해 존재하는 것이고, 수사와 공판에서 가장 중요한 것은, 정의도 국가도 아니고 오직 제가 변호하는 피고인의 이익입니다. 그래도 고민은 많고 깊었습니다. 63명의 피고인을 함께 공소 제기한 합의부 사건과 별도로 수많은 단독 사건이 있었습니다. 변호사들은 짝을 이루어 서로 도우며 말 그대로 밤낮없이 변론하고, 접견 가고, 법리를 같이 고민하고, 그리고 같이 울었습니다.

어느 날 공판정에서 피고인의 선처를 재판부에 호소하며 눈물 흘리는 선배님 모습을 보게 되었습니다. 과거 스스로 얼마나 미성숙하였는지 고백하며, 재판부의 선처로 오늘날 변호사가 되어 가정을 꾸리고, 국가와 피고인들에게 기여하며 살 수 있다는 말씀을 하며, 재판부에 눈물로 호소하였습니다. 바라보는 제 얼굴에도 눈물이 주르륵 흘렀습니다. 우리는 그때 애국자도 특정 정치색을 지닌 사람들도 아니었고, 그저 피고인과 같이 눈물 흘리는, 피고인의 이익을 최우선으로 하는 변호인이었습니다. 모든 잡음과 외압을 뒤로하고, 부디 선배님들께서 자랑스럽게 만들어 오신 형사 소송법의 원칙·법령·판례에 따라 공정한 재판을 해주시기를, 서부지법에 모였다는 이유만으로 청년들의 정신과 미래를 꺾지 말기를 눈물로 호소하는 변호인들이었습니다. 진심으로 재판부에 말씀드렸습니다. 제가 공부할 때 우러러보았던 대한민국 재판부, 유럽과 미국에서 공부할 때 언제나 좋은 예시가 되었던 대한민국 사법 시스템, 대한민국에서 가장 똑똑하고 정의로운 분들이라는 저의 사법부에 대한 믿음을 지켜달라 호소하며 눈물로 변론한 날이 많았습니다.

변론을 마치고 나오면 공판정 밖에서 가족분들이 울면서, "변호사님 때문에 울었다", "울고 나니 좀 낫다"고 하신 가족분들이 많았습니다.

그렇게 여름을 보내면서 매일 아침 운전대를 잡고 생각했습니다.

지금 우리는 어디로 가고 있나,

나는 어디에 서 있나.

저는 심장병이 있고, 암 병력이 있습니다. 언제든 심정지가 올 수 있으니 결코 무리해서는 안 된다는 경고를 들으며 주기적으로 병원에 다닙니다. 정신없이 보낸 2025년의 날들에는 숨이 차올라 자다가 몇 번씩 깨어나고, 실신할 것 같은 매일 아침을 맞이하면서도 경고의 말들은 뒤로하고, 정해진 날짜에 병원에도 가지 않았습니다. 잠시만, 이것만, 이번 달만⋯⋯ 내일은, 다음 달은, 그리고 조만간 우리는 다시 그 자랑스러운 자유 대한민국에서 살게 되겠지.

무엇보다도 제 깊은 밑바닥에는 미안함이 컸습니다. 부모님

세대가 이룬 성장으로 전 세계에서 가장 풍요로운 국가의 생활 수준을 누렸습니다. 저는 정치외교와 서양철학을 학사로, 국제 정치를 석사로 전공하고, 세계 최고의 국제법 교육기관에서 국제공법과 국제사법 공부를 하였습니다. 행운이었는지 운명이었는지 학부 때는 이승만 대통령이 세계 외교사에 남긴 업적을 미국과 유럽의 시각에서 바라보도록 공부를 시키신 교수님이 계셨고, 책 읽기를 좋아하는 저는 자본론과 구조주의 책들을 비롯하여 사회주의나 공산주의에서 고전이라 하는 책들을 누구보다도 많이 읽었다고 자부합니다. 주체사상에 관한 책도 포함입니다. 금서로 지정되었던 책들이 자유롭게 읽을 수 있도록 풀린 시대에 대학을 다닌 저는, 호기심과 겉멋에 빠져 그런 책들을 많이 읽었고, 중국과 북한 정치체계에 대한 수강과 공부도 진지하게 했습니다. 그렇게 공부한 저는 확고하게 자유 민주주의에 감사하는 사람이 되었고, 존재할 수 없는 것으로 사람들을 현혹하여 독재를 유지하는 공산주의가 희대의 스킴Scheme이라고 알아차리게 되었습니다.

그런 저의 알아차림은 아무런 역할을 하지 못했습니다. 저는 경제인이 되어 사회에 적응하기에 바빴고, 가끔 아빠에게만 속마음을 털어놓으며 "사회가 이상하게 변해가는 것 같아"정도의 말들을 뱉을 뿐, 회사에 적응하여 임원 달기를, 사회에 적응하여 매출 올리기를 바라면서, 사회보장법이라 불리는 법들이 조각조각 누덕누덕 자유를 더 얽매게 할 때 '이게 발전인가? 난 좀 아닌 것 같아. 분열인 것 같고 싸움 조장인 것 같아. 내가 늙어서 그런 거겠지'라고 생각하며 스스로가 적응하기를 기도했습니다. 완전히 왜곡된 역사에 대해서도 아무것도 아무 말도 하지 않았습니다. 가끔 현충원에 가서 눈물을 흘리는 것이 다였습니다.

결국에 사무라이는 제가 죽인 것입니다.

그리고 오늘

저는 정치인이 될 생각이 추호도 없습니다. 제 삶을 조용하고 소소하게 꾸려가기를 희망할 뿐입니다. 저를 극우라 불러도 좋고, 정신 나갔다고 깎아내려도 좋습니다. 저를 그렇게 부른다면 저의 소박하고 안정적인 삶이 흔들릴까요? 정치인이 될 생각도 없는데 이런 글을 쓰는 것이 어리석은 짓일까요? 그런데도 글을 써 내려갑니다. 저를 무엇이라 부르건 저는 대한민국을 사랑하는 사람임을 고백합니다.

제가 꿈꾸는 소박하고 아름다운 삶은, 자유 대한민국에서

꽃피는 삶입니다. 좌도 좋고, 극우도 좋습니다. 중도 기회주의
자라 말해도 좋습니다. 다만, 고백합니다. 대한민국 좌파를 저
는 사랑합니다. 대한민국 좌파가 나라를 속국으로 만드는 자,
자유 민주주의를 내버리는 자와 동의어가 아니라는 것을 알
고 있습니다. 그러니 좌우 모두, 우리 애국 국민 여러분, 우리
대한민국을 지키기 위해 잠시 눈을 뜨고 함께 손을 잡아주십
시오.

저는 누군가에게는 기회주의자라 욕먹고,

누군가에게는 극우 정신병자라 손가락질 받을까요?

상관없습니다. 다만, 저는 대한민국을 사랑합니다.

눈앞에서 무너지는 대한민국을 보고 침묵할 수가 없습니다.
반드시 대한민국이 독립된 자유 민주주의 국가로 영원히 남기
를 희망하고, 그 자유 대한민국의 가장 달콤하고 풍성한 열매를
누린 자로서, 그 희망을 사명으로 삼지 않을 수 없습니다. 저를
무어라 부르건 아무런 상관없습니다. 좌우가 치열하게 대립하
여, 그 안에서 건강한 정치와 깨끗하고 건설적인 사회가 지속하
기를 간절히 염원합니다. 자유 민주주의 대한민국, 어느 나라의
종속국이 아닌 독립된, 자주 자유 대한민국의 바탕에서, 사람이
아닌 법이 규율하는 대한민국에서 그렇게 역사가 이어 가기를

간절히 기도합니다.

오직 사랑뿐

　　　　　사람은, 결국 감정으로 움직입니다. 의지는 연약하고 마음(감정)은 온갖 권모술수로 뇌를 설득하여 사람을 감정 뜻대로 움직이게 하지요. 그 감정은 궁극적으로 두 가지로 귀결됩니다. 사랑과 두려움. 성경을 한 줄로 요약하라고 한다면, 저는 이렇게 말하겠습니다.

　사랑하라, 두려워하지 말라.

　이 글을 다시 쓰는 오늘은 12월 3일입니다. 2025년은 첫 시작부터 힘들었던 한 해였습니다. 여러분 고생 많으셨습니다. 저 또한 오만 가지 생각이 스쳐 갑니다. 그 생각 중에 의미 있는 생각은 오직 사랑뿐이라는 것입니다. 더 사랑하지 못하였음을 후회하고, 두려움에 사로잡혀 사랑을 펼치지 못했음을 반성합니다. 싸움을 말하고 싶지 않습니다. 두려움을 이기고 사랑을 말하고 싶습니다.

　대한민국을 더 사랑할걸. 대한민국을 이같이 일궈준 우리 아빠와 엄마를 더 사랑할걸. '각인의 자유[09]'를 강조하여 건국 헌법에 언급해 주신 초대 대통령을 더 사랑할걸, 영국의 학자들이 도저히 이해할 수 없어 '기적'[10]이라는 말을 붙였다는 대한민국의 경제 발전을 더, 더 사랑할걸, 나라를 위해 생명을 바친 한국과 미국의 군인들을 더 사랑할걸, 그리고 무엇보다도…… 역사가 왜곡되었음을 알고 있었던 나를 더 사랑할걸, 더 믿어 줄걸, 하고 후회합니다.

사회에서 도태될까 봐 두려워하지 말걸, '꼰대'라고 할까 봐 두려워하지 말걸, 두려움 없이 옳다고 생각하는 것을 말할걸, 행할걸, 두려움에 눈치 보지 말걸, 하고 생각합니다. 저를 극우라고 부르건, 중도 기회주의자라고 부르건, 저에게 남은 생각은 하나입니다. 두려워하지 말고 더 사랑하겠노라. 대한민국을, 좌우

---

09 건국 헌법에 실제로 나오는 표현입니다. 지금 우리가 흔히 '개인'이라고 표현하는 의미와 같이 '각인'이라고 표현한 것입니다. 즉, 집단보다는 개인의 자유와 권리를 중시하는 철학이 담긴 헌법입니다. 이승만 대통령을 배출한 당의 이름도 '자유당'임을 상기해 보시기 바랍니다.

10 영국의 경제학자들이 극적인 성장을 표현하기 위한 것으로 '기적'이라는 단어를 사용했고, 이에 유럽과 미국에서 한국South Korea의 경제 개발을 일컬을 때 많이 사용하면서, 국내에서도 '한강의 기적'이라는 말을 사용하였습니다. 1962년에는 6·25 전쟁 참전 용사인 제임스 밴 플리트James Van Fleet 장군이 로스앤젤레스에서 "The Miracle on the Han"이라는 제목으로 연설을 하기도 했습니다. 아시아와 아프리카에서 한강의 기적 경제개발을 모델로 삼아 연구하고 실행한 사례가 많습니다. 최근 경주 APEC에서 미국 대통령 트럼프도 "전 세계가 대한민국이 어떻게 이렇게 발전했는지 관심이 많고 따라 하고 싶어 하는데, 다들 이해를 못 하고 있어요"라고 언급하기도 했습니다.

가 치열하게 싸우며 건강한 사회를 일궈가는 자유 대한민국을, 독립 국가로서의 자유 대한민국을 두려움 없이 사랑하겠노라. 전쟁 같았던 2025년을 마무리하며 남은 저의 생각입니다.

사랑합니다. 대한민국, 그리고 이 글을 읽는 여러분 모두, 대한민국의 좌우 모두.

○○○ 변호사

서부자유변호사협회 회원.

펜로즈의 계단을 걷는 법정

– 끝없이 오르지만 같은 자리에 머문 사법 정의

현대 미술의 고전이자 착시의 상징인 '펜로즈의 계단Penrose Stairs'을 아는가.

네 방향으로 꺾여 이어진 계단을 계속 올라가면 분명히 '오르고' 있음에도 결국은 처음 자리로 되돌아온다. 수학적으로는 불가능한 구조지만, 2차원 평면 위에선 그럴싸한 '논리'처럼 보인다. 실제로는 상층이 없는데도 계속 오르고 있다는 걸 믿게 만드는 환상이다.

오늘날 대한민국 사법 구조가 이 펜로즈의 계단을 닮았다.

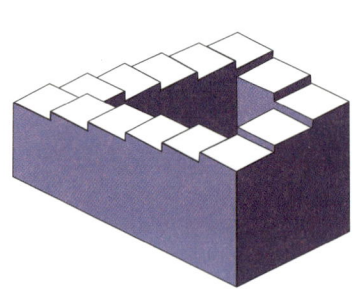

그림 참고: 위키백과 '펜로즈의 계단'.

'사법부의 독립', '공판 중심주의', '증거 재판주의', '피고인의 방어권 보장'…… 2차원 이론 세계에서는 완전한 법치주의 계단이지만, 현실 3차원에서는 그 어디에도 도달하지 못한 채 제자리걸음이다. 재판의 형식은 '오르는' 듯하지만 실제로는 불법 수집된 증거에 기초해 판결을 내리는, 법치주의 무한 반복 계단에 갇혀 있다. 시작은 거창하지만, 현실은 출발점이다. 어쩌다 이런 무한 반복의 구조물이 되어 버렸을까.

청년들의 '벤치 클리어링'

– 불법에 맞선 응전, 그 위대한 의지

서부자유청년들에 관해서는 하고 싶은 말이 많다. 이들은 젊고, 열정적이고, 계산하지 않고, 정의로운 것을 좋아한다. 누구의 강요가 아닌, 내적 동기에 의해 움직인다. 그들은 강하고 자유롭다.

그들은 국가 기관에 의해 자행된 헌정 질서 파괴, 그리고 사법부에 의해 '정의란 선택될 수 있다'는 것을 경험함으로써 대한민국이 위경[11]에 빠졌음을 알리는 윤석열 대통령의 말이 사실이며, 최악의 상황을 물려받은 대통령으로서 계엄을 선택할 수

---

11   危境: 위태로운 처지.

밖에 없었던 쓰라린 심정을 이해했다.

대통령을 빼앗긴 울분을 참지 못한 대가는 옥고와 유죄 판결로 돌아왔고, 결과적으로 그들과 대통령을 운명 공동체로 묶어 놓았다. 자식이 없는 윤석열 대통령은 2030 청년 세대를 입양했다.

2025년 1월 18일부터 이틀간 대한민국 청년들이 보여 준 행동은, 폭력이 아니라 자유 민주주의를 지키기 위한 헌신이었다. 야구에서 동료 선수가 부당하게 위협받을 때, 모두가 벤치에서 뛰쳐나와 저항하는 것처럼, 대한민국 청년들은 대한민국 대통령이 불법한 수사와 정치 탄압으로부터 공격받는 그 순간, '자유'를 지키기 위해 일어섰다. 우리는 그들이 일어선 이유를 이해하고, 그들의 행동이 사법의 이름으로 매도당하지 않도록 막아야 했다.

그렇게 나는 2025년 1월 18일 마포서 앞으로 가게 되었다.

어불성설의 언치言治
– 불법한 절차 안에서도 실체 진실을 발견할 수 있다는 궤변

좋아요, 구독! 네, 징역 5년입니다
오늘날 형사 재판에 등장하는 '불법한 증거'는, 교과서적으로는 "위법하게 수집된 증거"로써 당연히 유죄 인정의 증거로 사용될 수 없다. 문제는 현실 법정과 교과서 사이의 괴리다. 위법한 수단을 동원하여 불법의 절차를 거친 증거 방법들이 신청되고, 때로는 그것이 "자유로운 심증"이라는 불량식품 같은 표현으로 정당화하기도 한다. 최악의 경우 그 불량한 증거들이 유죄 인정의 도구로 쓰인다.

서부자유청년들의 형사 재판은 위 3가지 경우 중 최악에 해당한다. 증거 능력이 부인되어야 할 증거들이 유죄 인정 근거로 활용되었다. 경찰청과 대검찰청의 디지털 증거 수집 등 매뉴얼을 모두 위반하고도 살아남은 전자 증거들은 의외로 우리 주변에 널려 있다.

- 포렌식 규칙에 반하여 해시값도 없이 채증된 유튜브 라이브 영상과 건물 CCTV 녹화 영상
- 채증 이후 즉시 봉인은 되었는지, 이후 편집의 가능성이 원천 차단되었는지 전혀 추적이 안 되는 허술한 관리
- 최초 '채증자'와 '저장자'조차 알 수 없는 메신저 캡처본
- 원본은 오간 데 없고 사본만 유령처럼 떠도는 온갖 종류의 전자 정보들

이런 증거들은 '현실의 데이터'라는 이유만으로 법정의 3차

원 공간으로 뛰어들고, 재판은 그 증거의 출처와 정당성이 아니라 내용의 설득력만을 기준으로 삼는다. 그것이 사실이라면 무슨 문제냐는 논리가 사법부 내부에 만연해 있다.

증거 재판주의는 사망했는가?

서부자유청년들의 형사 재판도 예외는 아니다. 디지털 증거의 적법성은 완전히 무시되었다. CCTV 영상, 유튜브 라이브 영상 등 디지털 증거가 유죄 인정의 근거로 사용되었지만, 전자정보확인서도, 상세목록도 없었다. 검찰이 둘러대는 변명은 "자유로운 심증으로 가능하다"는 것인데 문제는 입증의 정도가 아니라, 입증의 부재에 있다. 디지털 증거 규칙 잠탈[12]이 어째서 자유로운 심증으로 둔갑할 수 있나? 입증 실패, 입증 부재에 대한 구차한 변명일 뿐이다.

CCTV 영상, 유튜브 라이브 스트리밍 영상 등은 사건의 핵심 증거물임에도 불구하고,

· 누가, 언제, 어떤 방식으로 채증했는지

· 어떤 파일에서 어떤 부분을 추출했는지

· 채증 과정에서 편집·변조 가능성이 제거되었는지

---

12   潛脫: 법률 규제나 제도 따위에서 교묘히 빠져나감.

· 해시값 검증이 이루어졌는지

· 증거 보관과 제출 단계에서 관리자 변경이 있었는지

그 어느 것도 확인할 수 있는 문서가 존재하지 않았다. 증거의 출처도, 경로도, 무결성도 확인할 수 없는 "정체불명의 영상 파일"이 법정에서 유죄의 직접 증거로 채택되었다.

신분 증명이 전혀 불가능하고 지문 정보도 없는 사람을 믿을 수 없는 것처럼 전자 정보의 지문에 해당하는 상세목록이 없고, 신분 정보에 해당하는 '전자정보확인서'가 없다면, 그 전자 정보는 유령이 아닌가? 어떻게 그런 정보를 신뢰하여 유죄 판결을 내릴 수 있는가?

출처와 전자 지문이 생략된 '정체불명의 전자 정보'를 신뢰하고 유죄를 선고하는 것이 가능한 이유에는 두 가지가 있다고 본다. '무지Ignorance' 그리고 '무시Disregard'.

디지털 증거 규칙이요? 그걸 누가 다 지켜요?

서부자유청년들 중 한 명의 형사 재판에 수사관이 증인으로 출석했다. 그는 건물 관리인 협조 하에 CCTV를 임의 제출받은 후 해시값 추출은커녕 전자정보확인서 한 장도 작성하지 않았다. 이유를 물었다.

"그런 게 있어요?"

"있는 건 대충 알긴 아는데, 저희들이 그걸 다 지킬 여건이 안 됩니다."

이런 수사관은 한 명이 아니다. 증언은 계속되었다.

"전자 증거 규칙이 존재하는지도 몰랐다."

"알더라도 현실적으로 지킬 수 없다."

"그런 시스템이나 장비가 갖춰져 있지 않다."

해당 청년에게는 징역 1년이 선고되었다. 증거 규칙을 위반한 영상 증거들이 유죄 인정의 근거로 사용되었다. 증인으로 출석한 수사관의 증언을 통해, 증거 규칙에 대한 '무지' 또는 '무시'는 보편적임이 증명되었다. 이것이 단순한 업무 태만이나 기술 부족의 차원이 아니라, 헌법·형사 소송법·대검·경찰청 훈령이 정한 적법 절차를 조직적으로, 그리고 대놓고 무시하는 수준이라는 자백이었다. 그런데도 법원은 이러한 "규칙 무지·규칙 미이행·규칙 불능 상태"에서 만들어진 영상을 그대로 유죄 인정 증거로 받아들였다. 이럴 거면 막대한 세금을 들여 포렌식 센터는 왜 지은 것이고, 디지털 증거 규칙은 왜 만든 것인지 묻지 않을 수 없다.

한 여름날의 아이스크림처럼 줄줄 녹아내리는,
대한민국 형사 소송 대원칙

하나 마나 한 얘기 한 가지 하자면, 절차의 위법성은 실체 진실의 발견을 어렵게 만든다는 것이다. 우리나라 헌법과 형사 소송법이 정한 형사 재판의 대원칙 두 가지는 다음과 같은데,

1. 실체 진실 발견
2. 적법 절차 준수

이 두 원칙은 상호 보완적이며, 하나가 무너지면 다른 하나도 유지될 수 없다. 검찰이 "자유로운 심증" 운운하며 디지털 증거의 증거 능력 기준을 완화하는 태도가 얼핏 실체 진실 발견을 위해 증거 능력을 "적당히" 양보 내지는 희생하는 것처럼 보이지만 전혀 그렇지 않다.

적법 절차의 준수는 수사를 어렵고 번거롭게 하고, 이는 사람의 주관적 심증이 아닌 객관적 증거에 의해 행위와 주체를 확정하게 하여 이보다 더 실체 진실 발견에 가깝도록 해 주는 원칙이 없다.

형사 재판은 '국가 형벌권' 발동을 확정 짓는 과정에 해당하므로 실체 진실의 발견과 별개로, 적법 절차 그 자체가 존중되어야 한다. 과정이 정의롭지 않으면 결과도 정의로울 수 없다

는 결론은, 인류가 몇천 년의 시행착오를 겪으면서 추출한 고귀한 '지적 자산'이다. 이것이 기본권 최후의 보루인 법정에서 지켜지지 않는다면 법치를 택한 문명국가에 살면서 인치와 언치가 지배하던 원시 시대로 회귀하려는 것과 무엇이 다른가.

디지털 증거 법칙

고정간첩은 무죄, 서부자유청년들은 유죄?

대한민국 법관들에게 묻겠다. 우리 대한민국의 청년들이 고정간첩만도 못한가?

병역 의무를 이행하고, 꼬박꼬박 납세 의무를 이행하는 청년들이 재판 과정에서 남파 간첩만도 못한 대접을 받고 있다. 그러니 사법부는 대한민국 세금으로 밥 먹을 자격이 없다.

사법부가 위기라고 한다. 사법부의 권위가 휘청이며 한없이 추락한다고들 말한다. 휘청이며 추락할 권위라도 있었을 때가 있었다. 그 권위는 누구의 공으로부터 얻은 것인가. 사법부 자신인가, 아니면 국민인가.

대한민국은 대륙법 계통을 이어받은 나라로 성문법이 존재한다. 그렇지만 그것을 해석·적용하는 작용인 판결의 누적, 곧 판례의 법리가 고도로 발달하였다. 판례 법리가 발전할 수 있었던 것은 빠른 경제 발전으로 뒷받침된 자유 민주주의가 있었기에 가능했다. 재판이라는 합의된 사회 시스템으로 분쟁을 원만히 해결하는 나라는 의외로 그렇게 많지 않다. 우선 먹고살 만해야 하고, 국민 의식 수준이 사법 제도와 사법부 판단을 존중할 만큼 성숙해야 한다.

생각해 보라. 먹고 살기도 힘든 나라, 독재자가 몇십 년씩 정권을 틀어쥐고 있는 나라에서 과연 공정한 재판이 가능하며, 재판으로 기본권 보장이 가능하겠는지. 대한민국 사법부의 발전, 판례법의 발달은 곧 자유 민주주의 발달과 맥을 같이하며, 이는 기본권의 발전이기도 하다.

간첩 얘기로 돌아온다.

디지털 증거의 증거 능력이 인정되는 데 필요한 요건으로는,

1. 원본성(제출된 증거가 원본이거나 원본과 같다는 점이 입증되어야 함), 그리고
2. 무결성(최초 채증 시부터 법정에 증거 방법으로 제출될 시기까지 삭제 등 편집되지 않았음이 입증되어야 함)이 필요하다.

이 두 가지가 증거 능력의 요건이라는 것은, 요건 중 하나라도 빠진 전자 증거는 유죄 증거로 사용할 수 없다는 것을 의미한다. 당연하지만 디지털 증거를 포함하여, 증거 능력 관련 판례 법리의 발전은 변호인의 항변에 관한 판단, 다시 말하면 공소

복수극인가, 정의의 실현인가

사실의 반박과 부인의 주장을 전제로 하는 판단을 거듭하며 발전해 왔다. 이 말은 증거 능력을 부인하는 방향으로 판례가 생성되고 확대된 것을 의미한다.

그 자체로는 문제가 없다. 검찰의 수사와 기소에 절차의 법적 문제가 있음을 지적하는 것은 변호인의 당연한 변론권 행사 중 하나다. 이에 대한 법원 판단이 "그렇다"고 한다면 무죄 추정의 원칙, 법치 국가 원리, 증거 재판주의가 모두 달성될 수 있고, 수사와 기소는 그만큼 더 치밀해지고 정교해지기 때문이다.

집중해 볼 것은 이 판례 법리의 출발, 즉 디지털 증거의 증거 능력 부인, 법리의 출발이 국가 보안법을 위반한 죄명으로 기소된 남파 고정간첩들의 형사 재판에서 그들의 무죄를 인정하는 논리의 형태였다는 것에 있다.

물론 간첩이라고 하여 위 무죄 추정의 원칙, 법치 국가 원리, 증거 재판주의가 부인되어야 한다는 말은 아니다. 형사 재판은 한 사람에게 형사 처벌을 내릴지를 결정하는 것만 있는 것이 아니라, 대한민국의 사법부 판단에 관한 평가(신뢰)의 문제이기도 하기 때문이다.

진짜 문제는 이 판례 법리가 고정간첩들 사건에서는 무죄를 선고하는 구실이 되었지만, 우리 서부자유청년들에게는 같은 수준으로 적용되지 않았다는 점에 있다.

다시 묻는다. 대한민국 청년들이 고정간첩만도 못한가?
아래의 최신 판결을 보라.

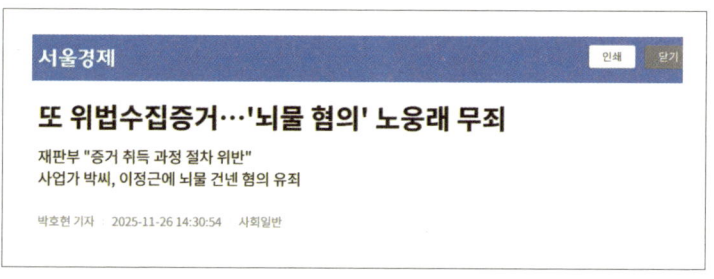

불법 정치 자금을 수수하고도 멀쩡하게 귀가한 정치인이 있
다. 이 신문기사를 보고 누가 사법 정의가 살아 있다고 말할 수
있을까.

사법부는 답하기 바란다. 대통령을 지키겠다고 한 청년들의
의분義憤이 정치 자금 수수 범죄자나 고정간첩보다 폄하되어야
하는 이유는 무엇인가.

공수처의 불법 역주행은 정당 행위,
저항하는 청년들을 범죄자라고 말하는 사법부

공수처는 법원 쇼퍼로 전락했다.
영장을 발부해 줄 것 같은 판사와 법원을 찾아다니다 명당을

복수극인가, 정의의 실현인가

출처: CCTV 자료를 KBS에서 방송한 영상 캡처(2025년 1월 18일 자).
동그라미 부분은 경찰의 에스코트를 받으며 불법 역주행하는 공수처 차량.

찾았는데 그곳이 바로 서부지법이었다. 이 모든 비극의 시작이었다. 공수처는 서울중앙지방법원에서 한 번 실패한 영장 발부를 서부지법에서 끌어냈다. 불법한 영장 청구와 불법한 영장 발부였다.

불법한 공무 수행을 마친 공수처 소속 검사들과 수사관들은 두 대의 카니발에 나눠 탑승하여 대통령 경호 차량을 따라가다 공덕 오거리 신호에 막혀 갇히게 되었고, 순식간에 몰려든 시위대로 인해 마포대교를 건너지 못했다. 서울청과 마포서 경찰도 차량 앞에 몰려든 시위대를 해산시키기에는 역부족이었다.

경찰이 생각해 낸 방법은 불법 역주행이었고, 차량 뒤쪽에 있던 열댓 명의 청년들이 희생되었다. 그들은 특수공무집행방해, 특수공용물건손상, 특수감금죄로 현행범으로 체포되어 146일의 옥고를 치러야 했다. 시위대 진압용 방패를 들고 단체로 몰려와 불법으로 긴급 체포를 시도하려는 경찰들에게 평화적 저항의 의미가 있는 스크럼을 짰다는 것이 이유였다.

단 한 명의 청년을 제외한 전원이 "다시는 시위에 나가지 않겠노라"며 법관 앞에서 자신의 행위를 후회하며 사과하는 발언을 한 이후에야 풀려날 수 있었다. 그들 중 그 한 명을 변호한 변호사는 조은석 특검의 특검보로 차출되었다.

복수극인가, 정의의 실현인가

대통령을 지키겠다고 모여든 청년들

– 왜 그들의 재판은 정의롭지 못한가?

대통령의 임기 기간에는 공·과에 대한 정확한 판단이 어렵다. 적어도, 국가 권력 정점에 있는 국가 원수가 분명 자신이 타 죽을 불구덩이인 것을 알면서도 그 안에 스스로 몸을 던졌다면 둘 중 하나에 해당하는 것은 분명하다. 미쳤거나, 보신주의를 버렸거나.

예산 삭감, 국무위원 줄 탄핵, 행정부 기능 마비, 공공연하게 거리에서 외쳐대는 협박성 구호들(가령 '식물 대통령으로 만들어 버리겠다'는 구호) …… 그냥 대충 눈감고 넘어갈 수는 없었을까.

서부자유청년들 사건은 불법한 영장 청구와 발부에 맞서 대통령(윤석열)을 지키고자 모인 국민의 저항이었다. 윤석열 대통령에 대한 개인적 호불호는 자유 민주주의를 지켜내야겠다는 결단 앞에 그야말로 하나가 되었다.

계엄, 탄핵, 형사 소추로 이어진 고난의 행군은 국가 원수에 대한 일반적 차원의 존경심에서 윤석열 대통령 개인을 향한 애정과 애국심으로 성장시켰다. 청년들을 위한 예산 삭감에 분노하여 계엄을 선포한 대통령은 옥에서 청년들을 위해 밤마다 간절하게 기도하고 있다.

전술한 바와 같이 공수처 사건이든, 법원 후문 사건이든 이 사건에서 법정은 사법 정의, 곧 '절차적 정의'와 '실체적 정의'

모든 면에서 최하점을 받아야 마땅하다. 이로 인해 대통령과 청년들이 고통당하고 있다. 정의롭지 못한 재판이 이들 운명 공동체의 결속을 더 강화했다.

정의의 가면을 쓴 허상의 계단
– 끝없이 올라가는 척만 하는, 정지된 정의

　　　　　　나는 변호사로서, 오늘날의 대한민국 사법부와 재판 작용이 '정의'의 옷을 입고 있을 뿐 실상은 국민의 기본권을 존중하지 않고 합법적인 저항권 행사를 탄압하고 있으며, 그러는 사이 절차적 정의는 파탄 났고 이로 인해 실체 진실 발견에서 점점 더 멀어지고 있다고 생각한다. 이 모든 것의 시작은 사법부 스스로 재판의 독립성을 적당히 타협하고, 특정 정치 세력을 감싸는 호위 무사가 되면서부터였다고 본다. 자기 스스로 자기 권위를 허물어 버린 것이다.

사법부는 스스로 계단을 오르고 있다고 믿고 있지만, 국민은 다 안다. 이 계단은 펜로즈의 계단처럼 올라도 올라도 결국 제자리에 머물러 있을 뿐 일보의 전진도 없다.

지금의 대한민국 형사 재판은 다음과 같은 모순을 보여 주고 있다.

· 불법한 증거가 적법한 판결을 낳는다.

· 절차적 정의는 중요하지 않으며, 외부에서 "어떻게 보느냐", 외부에 "정의롭게 보이느냐"가 중요하다.

· 국가 권력에 저항하면 재판은 '정의'의 이름으로 단죄의 도구가 된다.

· 그래서 "유죄 취지의 파기 환송"은 무죄 추정의 원칙 적용을 받지만, 1심 판결도 선고되지 아니한 계엄은 벌써 "내란" 프레임으로 확정될 수 있다.

사법부가 알아야 할 것

- 펜로즈 계단에서 내려오라

펜로즈의 계단은 시각적 환영, 곧 착시에 불과하다. 하지만 우리 사법부의 오류는 실존한다.

유죄로 귀결된 재판에서 수사 기관이 준수하지 않은 절차, 재판부가 외면한 증거 법칙은 모두 헌법 제12조, 제27조가 정한 절차적 정의를 무너뜨렸다. 이는 단순한 실수가 아니라, 국민의 기본권을 침해하는 구조적 병리다.

사법부가 절차적 정의를 무시할수록 그 권위는 계속 추락할 것이다. 대한민국의 존립을 위태롭게 만드는 반국가 세력에게 무죄 판결의 아량을 베푸는 게 절차적 정의라 믿었다면, 같은 기준을 서부자유청년들에게도 적용하라. 선택적 정의를 거부하라. 그것만이 사법부가 회생할 길이다.

김지미 변호사

서부자유변호사협회 공동대변인. 영파여고. 연세대 법학과 졸업. 사법시험 52회, 사법연수원 43기.

건조물 침입의 행위 태양과 주거 침입죄의 계속범성 및 다중의
위력에 관한 비판적 검토

_연취현 변호사

I. 서론

2025년 1월 19일, 서울서부지방법원 집단 침입 사건은 건조
물 침입죄의 구성 요건, 특히 '침입'의 의미와 '다중의 위력'의
해석에 관한 중대한 쟁점을 제기하였다. 윤석열 대통령에 대한
구속 영장 발부에 항의하는 약 4만 명의 집회 참가자들이 법원
앞에 모였고, 일부가 법원 후문을 통해 경내로 진입하였다. 검찰
은 시차를 두고 진입한 피고인들을 모두 특수건조물 침입죄를
적용하였으나, 이는 구성 요건의 해석과 책임주의 원칙에 관한
근본적인 문제를 야기한다.

본 발제문은 1심 판결이 대법원 전원합의체 판결을 통해 확
립된 평온침해설을 제대로 구현하지 못하고 사실상 의사침해

설로 회귀하였다는 점, 계속범성 법리를 구성 요건 충족 시기의 판단에 부당하게 전이시켰다는 점을 비판적으로 검토하고자 한다.

II. 대법원 판례의 확립:
평온침해설과 침입 개념의 객관화

1. 보호 법익의 명확화

대법원은 2021. 9. 9. 선고 2020도12630 전원합의체 판결에서 "주거 침입죄는 사실상 주거의 평온을 보호법익으로 한다."고 명시하였다. 이는 주거권설에서 사실상 평온설로의 명확한 전환을 의미한다.

2. 침입 개념의 객관화

대법원 2022. 3. 24. 선고 2017도18272 전원합의체 판결은 "침입이란 주거의 사실상 평온 상태를 해치는 행위 태양으로 주거에 들어가는 것을 의미하고, 침입에 해당하는지는 출입 당시 객관적·외형적으로 드러난 행위 태양을 기준으로 판단함이 원칙"이라고 판시하였다. 이는 종래 '거주자 의사에 반하는 출입'이라는 주관적 기준에서 '사실상 평온 상태를 해치는 행위 태

복수극인가, 정의의 실현인가

양'이라는 객관적 기준으로의 중요한 전환이다.

거주자 의사는 사실상 평온 상태를 해치는 행위 태양인지를 평가할 때 고려할 요소 중 하나지만, 주된 평가 요소가 될 수 없다. 따라서 단순히 관리자 의사에 반한다는 사정만으로 침입을 인정할 수 없다.

III. 1심 판결의 문제점: 평온침해설에서 의사침해설로의 회귀

1. 사실 관계 재검토

이 사건에서 밝혀진 사실에 따르면, 다수의 피고인은 법원 후문 밖에서 항의 차원에서 문을 흔들다가 우연히 문이 열리자 진입하였다. 물론 뒤에서 미는 사람들로 인해 밀리는 힘이 상당하였으나, 경찰관들 역시 이들을 적극적으로 저지하기보다는 뒤로 물러나 법원 건물 쪽으로 이동하였다는 점에서 폭력적인 물리력 행사가 있었다고 보기 어렵다.

또한, 소위 법원 통로에서 폭력적인 방법으로 민원용 건조물 본래의 용도상 평온을 해하는 방법으로 진입한 사람은 극소수에 불과하였다. 대다수 피고인은 위와 같은 상황에서 경찰이 전혀 방호하지 않고 있는 상태로 이미 열려 있는 후문을 통해 통상적인 방법으로 법원 마당에 들어갔을 뿐이다.

2. 평온침해설의 본질적 의미 왜곡

대법원 전원합의체 판결이 확립한 평온침해설의 핵심은 "침입에 해당하는지는 출입 당시 객관적·외형적으로 드러난 행위태양을 기준으로 판단함이 원칙"이라는 것이다. 이는 단순히 관리자 의사에 반한다는 주관적 사정만으로는 침입을 인정할 수없고, 객관적·외형적으로 사실상 평온 상태를 해치는 행위 태양이 있어야 함을 의미한다.

그러나 1심 판결은 법원 후문을 통해 진입한 모든 사람에게일률적으로 폭력성을 인정하였다. 이는 개별 피고인의 구체적인 행위 태양을 객관적·외형적으로 평가하기보다는, 법원 관리자 의사에 반하여 들어갔다는 사정만으로 침입을 인정한 것으로서, 사실상 의사침해설로 회귀한 것이라고 평가할 수 있다.

3. 민원용 건조물의 특수성 간과

법원은 민원용 건조물로서 일반 국민에게 개방된 공간이다. 물론 야간이나 휴일에는 출입이 무제한 허용되는 것은 아니지만, 이 사건 당시는 구속 영장 심문이 진행 중이었고, 다수의 국민이 법원 앞에서 집회하고 있었던 상황이었다.

이러한 상황에서 일부 집회 참가자들이 법원 경내로 들어간 것이 곧바로 '사실상 평온 상태를 해치는 행위 태양'에 해당한다고 단정하기는 어렵다. 특히 후문을 통해 들어간 후 법원 건물 앞에서 구호를 외치거나 항의하는 행위는 집회·시위의 자유 범주에 속하는 것으로 볼 여지도 있다.

1심 판결은 이러한 민원용 건조물의 특수성과 집회·시위의 자유라는 헌법적 가치를 충분히 고려하지 않은 채, 법원 관리자 의사에 반한다는 사정만으로 침입을 인정하였다는 점에서 평온 침해설의 취지를 제대로 구현하지 못하였다.

IV. 계속범성과 구성 요건 충족 시기의 문제

1. 1심 판결 논리와 그 문제점

1심 판결은 주거 침입죄의 계속범성을 근거로 침입 당시에는 다중의 위력이 없었더라도 침입 상태가 계속되는 동안 다중의 위력을 보이면 특수건조물 침입죄가 성립한다고 판시하였다(서울서부지방법원 2025. 8. 1. 선고 2025고합60 판결). 이러한 해석은 기존 판례의 태도와 배치되며, 구성 요건의 명확성과 책임주의 원칙에 반한다.

2. 야간 주거 침입절도죄 판례와의 비교

대법원 2011. 4. 14. 선고 2011도300 판결은 "주간에 주거에 침입하여 야간에 재물을 절취한 경우" 야간 주거 침입절도죄가 성립하지 않는다고 판시하였다. 이는 가중요건인 '야간'이 침입 당시에 존재해야 함을 명확히 한 것이다.

1심 판결은 이 판례와 이 사건을 구별하면서, 야간 주거 침입절도죄의 '야간'은 침입 행위 자체의 시간적 요소지만, 특수건조물 침입죄의 '다중의 위력'은 침입 행위의 수단 또는 방법에 관한 것이므로 성격이 다르다고 설시하였다.

그러나 이러한 구별은 설득력이 없다. '야간'이든 '다중의 위력'이든 모두 가중 구성 요건의 요소로, 침입 당시에 존재해야 한다는 점에서는 차이가 없다. 오히려 '다중의 위력'은 침입 행위의 위험성을 증대시키는 요소로써, 침입 당시에 존재하지 않았다면 그러한 위험성 증대를 인정할 수 없다.

3. 구성 요건 충족 시기의 원칙

형법은 범죄 성립을 '행위시'를 기준으로 판단한다. 이는 책임주의 원칙의 당연한 귀결이다. 행위자는 자신의 행위 당시를 기준으로 범죄의 성립 여부를 예측할 수 있어야 하며, 행위 후 발생한 사정으로 범죄의 성격이 변경되어서는 안 된다.

특수건조물 침입죄의 구성 요건은 단체 또는 다중의 위력을 보이거나, 위험한 물건을 휴대하여" 침입하는 것이다(형법 제320조). 이는 침입 당시에 다중의 위력을 보이거나 위험한 물건을 휴대하고 있어야 함을 의미한다.

1심 판결처럼 침입 후 다중의 위력을 보인 경우에도 특수건 조물 침입죄를 인정한다면, 이는 구성 요건을 사후적으로 확장하는 것으로서 죄형법정주의에 반한다고 할 것이다.

4. 후행 진입자에 대한 특수건조물 침입죄 적용의 부당성

특히 후행 진입자들의 경우, 침입 당시에는 다중의 위력을 보이지 않았다. 이들은 단지 이미 열려 있는 문으로 들어갔을 뿐이다. 물론 침입 후 다른 집회 참가자들과 함께 경찰과 대치하거나 구호를 외치는 등의 행위를 하였을 수 있으나, 이는 침입 행위와는 별개의 행위다.

1심 판결은 계속범의 특성상 침입 상태가 계속되는 동안 다중의 위력을 보이면 특수건조물 침입죄가 성립한다고 보았으나, 이는 침입 행위와 침입 후의 행위를 혼동한 것이다. 침입 행위는 법원 경내 또는 건물 내부로 들어가는 순간 완성되며, 그 이후의 행위는 침입 행위의 계속이 아니라 별개의 행위로 평가해야 한다.

따라서 후행 진입자들에 대하여 특수건조물 침입죄를 적용하는 것은 기존 판례의 태도에 반하는 임의적 법률 해석으로 허용될 수 없다.

V. 다중의 위력 개념의 부당한 확장

1. '다중의 위력'의 법적 의미

대법원 2006. 2. 10. 선고 2005도174 판결은 "다중이라 함은 단체를 이루지 못한 다수인의 집합을 말하는 것으로, 이는 결국 집단적 위력을 보일 정도의 다수 혹은 그에 의해 압력을 느끼게 해 불안을 줄 정도의 다수를 의미한다."고 판시하였다.

'다중의 위력'이 인정되기 위해서는 단순한 다수의 존재를 넘어서, 상대방의 의사를 제압할 정도의 집단적 세력이 존재해야 하고, 행위자가 그러한 세력을 인식하고 이를 수단으로 활용하려는 의사가 있어야 한다.

2. 단순 존재와 적극적 가담의 구별 필요성

1심 판결은 "다중의 위력을 보인 경우라 함은 다중과 함께 구호를 외치거나 주거권자 또는 경찰 등에 대항하여 대치하고 있는 것은 물론 다중의 위력이 현존하는 상황에서 이에 합세해 다중의 위력을 한층 더 증가시키는 행위를 포함한다."고 판시하였다.

그러나 이러한 해석은 '다중의 위력'의 개념을 지나치게 확장하는 것이다. 단순히 다중 속에 있었다는 사실만으로는 '다중의 위력을 보인' 것으로 볼 수 없다. 다중의 위력을 보이기 위해서는 최소한 집단적 위력을 보이는 행위에 적극적으로 가담해야 한다.

이 사건에서 많은 피고인은 단지 열려 있는 문을 통해 들어갔을 뿐이고, 침입 후에도 다중의 위력을 보이는 행위를 하지 않았다. 이러한 경우까지 특수건조물 침입죄를 인정하는 것은 구성 요건을 부당하게 확장하는 것이다.

VI. 형평성과 법적 안정성 문제

1. 기존 집단 침입 사건과의 형평성 결여

이 사건 판결은 이전에 이루어졌던 집단 침입 사건들과의 형평성을 전혀 고려하지 않았다. 과거 유사한 사건들에서는 개별 피고인의 구체적인 행위 태양을 자세히 검토하여, 실제로 폭력적인 방법으로 침입하거나 다중의 위력을 보인 사람들에 대해서만 특수건조물 침입죄를 인정하였다.

그러나 이 사건에서는 법원 후문으로 진입한 모든 사람에 대해 일률적으로 특수건조물 침입죄를 인정하였다. 이는 같은 법률을 적용하면서 자의적인 차별을 한 것으로, 평등 원칙에 반한다.

2. 기존 판례의 확대 해석 문제

1심 판결은 기존 판례들의 입장을 피고인들에게 불리하게 확대 해석하였다. 특히 주거 침입죄의 계속범성에 관한 법리를 특수건조물 침입죄의 가중요건 판단에 부당하게 전이시켰다.

계속범성은 범죄의 종료 시점을 결정하는 개념일 뿐, 구성 요건의 충족 시기를 사후적으로 확장하는 근거가 될 수 없다. 1심 판결은 이러한 법리를 오해하여 피고인들에게 불리하게 적용하였다.

3. 법적 안정성과 예측 가능성의 침해

이러한 불명확하고 자의적인 법률 해석은 법적 안정성과 예측 가능성을 심각하게 침해한다. 국민은 자신의 행위가 범죄에 해당하는지를 예측할 수 없게 되며, 이는 죄형법정주의의 명확성 원칙에 반한다.

특히 집회·시위 현장에서는 상황이 급박하게 전개되므로, 행위자가 자신의 행위의 법적 의미를 정확히 판단하기 어렵다. 이러한 상황에서 법원이 사후적으로 자의적인 법률 해석으로 처벌 범위를 확장한다면, 이는 집회·시위의 자유를 위축시키는 결과를 초래한다.

VII. 결론: 헌법적 관점에서의 재검토 필요성

1. 평온침해설의 본질 회복 필요

1심 판결은 대법원 전원합의체 판결로 확립된 평온침해설의 취지를 제대로 구현하지 못하고 사실상 의사침해설로 회귀하였다. 이는 주거 침입죄의 보호 법익과 침입 개념에 관한 최근 판례의 중요한 발전을 무시하는 것이다.

법원은 개별 피고인의 구체적인 행위 태양을 객관적·외형적으로 평가하여, 실제로 사실상 평온 상태를 해치는 행위 태양으로 진입한 경우에만 침입을 인정해야 한다. 단순히 관리자 의사에 반한다는 사정만으로 침입을 인정해서는 안 된다.

2. 구성 요건 충족 시기의 원칙 준수

후행 진입자들에 대하여 특수건조물 침입죄를 적용하는 것은 기존 판례의 태도에 반하는 임의적 법률 해석으로서 허용될 수 없다. 가중 요건은 침입 당시에 존재해야 하며, 침입 후 사후적으로 가중 요건이 충족되었다고 하여 가중범으로 평가할 수 없다.

야간 주거 침입절도죄에 관한 대법원 판례가 명확히 하고 있듯이, 구성 요건은 침입 당시에 충족해야 한다. 이러한 원칙은 특수건조물 침입죄에도 동일하게 적용되어야 한다.

3. 집회·시위의 자유와의 조화

이 사건은 윤석열 대통령에 대한 구속 영장 발부라는 중대한
정치적 사안에 대한 국민의 항의 집회에서 발생한 사건이다. 집
회 참가자들은 구속 영장 발부가 부당하다고 생각하여 법원 앞
에서 집회하였고, 일부는 법원 경내로 들어가 항의하였다.

헌법 제21조 제1항은 "모든 국민은 언론·출판의 자유와 집
회·결사의 자유를 가진다"고 규정하고 있다. 집회·시위의 자유
는 민주주의 사회에서 국민이 자신의 의견을 표현하고, 정치적
의사 형성에 참여하는 중요한 수단이다.

물론 집회·시위의 자유도 무제한적인 것은 아니며, 타인의
권리나 공공의 안전을 침해해서는 안 된다. 그러나 집회·시위
의 자유를 제한함에서는 과잉 금지 원칙이 준수되어야 하며, 특
히 형사 처벌을 통한 제한은 최후의 수단으로써만 허용되어야
한다.

4. 향후 집단 침입 사건의 시금석으로서의 의미

이 사건은 향후 집단 침입 사건의 시금석이 될 수 있다는 점
에서 매우 중요하다. 만약 1심 판결의 법률 해석이 그대로 확정
된다면, 이는 향후 유사한 사건들에서 선례로 작용하여 집회·
시위의 자유를 과도하게 제한하는 결과를 초래할 수 있다.

1심 판결은 평온침해설을 제대로 구현하지 못하고, 의사침

　　　　　　　　　　　복수극인가, 정의의 실현인가

해설로 회귀하였으며, 계속범성의 법리를 구성 요건 충족 시기의 판단에 부당하게 전이시켰고, 기존 판례들의 입장을 피고인들에게 불리하게 확대해석하였다는 점에서 근본적인 문제가 있다.

5. 정교한 법리적 분석의 필요성

이 사건 판결은 주거 침입죄의 보호 법익, 침입의 개념, 계속범성의 법적 효과, 다중의 위력의 의미 등 여러 중요한 법리적 쟁점을 포함하고 있다. 그러나 1심 판결은 이러한 쟁점들에 대해 충분히 정교한 법리적 분석을 하지 못하였다.

향후 상급심에서는 대법원 전원합의체 판결로 확립된 평온침해설의 취지를 제대로 구현하고, 구성 요건 충족 시기의 원칙을 준수하며, 집회·시위의 자유라는 헌법적 가치를 충분히 고려하는 정교한 법리적 분석이 이루어져야 한다.

6. 맺음말

이 사건 판결은 이전에 이루어졌던 집단 침입 사건과의 형평성이 고려되지 않았고, 오히려 기존 판례들의 입장을 뒤틀어서 피고인들에게 불리하게 확대 적용하였다는 점에서 정교한 법리적 분석이 필요하다. 향후 집단 침입 사건의 시금석이 될 수도 있기에 이처럼 불명확한 판결은 집회·시위의 자유를 규정한 헌법적 관점에서도 반드시 재검토되어야 한다.

대법원이 이 사건에 관하여 정교한 법리적 분석으로 명확한 법리를 제시하고, 집회·시위의 자유와 건조물의 평온 보호라는 두 가지 헌법적 가치를 적절히 조화시키는 판단을 내리기를 기대한다. 이는 단순히 이 사건의 해결을 넘어서, 향후 집단 침입 사건에 대한 법적 기준을 확립하고, 민주주의 사회에서 집회·시위의 자유를 보장하는 데 중요한 의미가 있을 것이다.

연취현 변호사

서부자유변호사협회 공동대표, 서강대 법학과 졸업, 사법시험 47회, 사법연수원 37기.

2부

부치지 못한
편지

"깃발은 더러운 풍경으로 가고,
우리의 사투리는 북(토착민)을 질식시킨다.
……
과학에 무지하고, 안락을 위해서는 교활한 우리.
움직이는 세계를 위한 파열(죽음).
이것은 진정한 행군이다. 앞으로 갓!" *

_ 아르뛰르 랭보,
《지옥에서 보낸 한철》 중 〈민주주의〉, 김현 옮김

* 제국주의 병사의 말로서 민주주의의 이면을 풍자적으로 폭로함.

너무나, 너무나 깨끗한 그들의 손

–

맑은 햇빛

2025년 4월 4일 오전 11시, 나는 작은 방에 홀로 앉아 있다.

윤석열 대통령 탄핵 선고일이 다가오자 구치소 측에서 상담 신청을 받아 따로 혼자 있게 해달라는 나의 요청이 받아들여진 결과였다.

TV 속엔 선고 전 윤 대통령의 계엄을 왜곡하는 정보들로 가득했고, 대한민국 역사상 두 번째로 탄핵당하는 대통령이 탄생할지에 대한 기대감까지 느껴졌다.

국민이 투표로 뽑은 대통령을 반복해서 탄핵으로 몰아가 대통령직을 수행하지 못하게 하고, 특정 정당이 야당일 때만 이런 사태가 일어난다는 패턴에도, 휩쓸리기만 하는 어리석은 국민성이 수치인 줄도 모른다는 것이 참담하기 그지없었다.

곧이어 문형배 헌법 재판관이 판결문을 읽어 내려갔다.

윤 대통령을 파면한다는 최종 선고가 내려졌다.

환호하는 민주노총 깃발과 동성애를 상징하는 깃발들이 TV 화면 속을 가득 채웠다.

나는 일어나서 가림막으로 가려져 바깥이 보이지 않는 창살 밖의 공기를 천천히 들이마셨다.

이 감정을 무엇이라 설명할까.

불의와 거짓이 승리하는 것을 보고만 있어야 하는 무력감.

진실이 묻히고 소리를 낼 수 없는 상황이 도래한 것에 대한 암담함과 답답함.

거대 야당 편에 선 대한민국 사법부와 이런 사법부에 나의 처우를 맡겨야 한다는 불안감과 불신감 등.

말로 다 표현할 수 없는 복잡한 감정들이 소용돌이쳤다.

처음 현장에서 체포당한 후 경찰은 서부지법 사건이 계획된 것인지 공모자들이 있는지를 밝히는 것이 중요하다고 했다. 계획도 아니고 공모자도 없기에 필요하다는 DNA 수집과 휴대전화 포렌식에 기꺼이 동의했고, 많이 힘들었지만, 경찰 조사도 최선을 다해 임했다. 경찰이 말한 그 중요한 혐의들이 없으면 우선 풀려날 것으로 생각했다.

그러나 별거 없었다는 포렌식 결과를 들고 경찰들이 구치소로 나를 찾아왔던 날, 검찰이 나를 포함한 평범한 국민을 '특수 건조물 침입죄'로 기소했다는 소식을 들었다. 검찰 기소는 구치소 수감일로부터 19일이 지난 후였다.

전과도 없고 벌금도 없고 사소한 말썽조차 일으키지 않고 살아온 내가, 작은 쓰레기조차 길에 버리지 않고 평범하디 평범하게 조용히 살던 내가 어쩌다 이 차디차고 낯선 공간에 홀로 앉아 있는가. 무엇 때문에 이곳에 있는가.

다른 사람들처럼 세상일에 관심 두지 않고 오로지 내 삶만 생각하고 살았다면 이곳에 있지 않았을 것이다. 나는 내 삶만 생각하지 않았고, 자유가 서서히 사라지고 있는 이 대한민국을 위해 내 삶을 던져 버렸다. 순수한 의도는 '폭도'라는 또 다른 프레임이 씌워져 오염된 채로.

복잡한 감정은 커다란 분노와 깊은 패배감으로 변했고, 내가 처한 이 현실을 어떻게든 받아들이려 애를 썼다. 그때 열어 놓은 창문 밖으로 서부지법 사건 수용자들을 응원하러 온 국민들의 목소리가 확성기를 통해 들려왔다.

미안하다고…… 미안하다는 말밖엔 할 수 있는 말이 없다는 그들의 외침. 울먹이는 그들의 외침이 내 귀에 박히자 치솟던 감정의 소용돌이가 서서히 고요하게 가라앉았다.

나는 혼자가 아니다. 혼자 싸우는 것이 아니다.

이 구치소 안에도, 구치소 밖에도 같은 마음을 가지고 자유 대한민국을 지키려는 수많은 국민들이 있다. 이들이 과연 잘못된 대통령 탄핵 인용 결과를 받아들일 것인가. 결코, 아닐 것이다. 어찌 보면 서부지법 사건의 우리는, 또 나는, 수많은 국민의 의견을 대표하는 하나의 상징이다.

나는 다짐한다.

쉽게 끝나지 않을 이 험난한 과정을 의연하고 꿋꿋하게 버티겠다고. 우리를 응원해 주고 지지해 주는 모든 사람과 함께 손과 손을 맞잡고 계속해서 싸우겠다고.

무엇을 위해?

빛나는 자유 대한민국을 지키기 위해.

콰이어트

–

맑은 햇빛

2025년 8월 1일 금요일 오후 2시 30분.

서울서부지방법원 303호 법정에서 서부지법 사건 피고인들의 1심 선고가 있었습니다. 23번의 심리 재판을 거쳐 검찰 기소 후 5개월 23일 만의 선고였습니다. 과연 이번 선고에 정치 보복이 있을지 궁금했습니다. 윤 대통령 탄핵 인용 이후 6·3 대선에서 정권을 잡은 현재 거대 야당과 예전 야당 당 대표가 내란 세력을 척결하겠다고 여러 번 공식 발언을 했기 때문입니다.

저의 우려 섞인 질문에 변호사님들이 말씀하셨습니다.

"동일 사건으로 대선 전 선고받은 판례가 있고,
현 상황을 따져 봤을 때 정치 보복은 없을 거예요."

그 선고 판례에 비추어 보면 저는 10개월 정도의 징역형이 예상되었습니다. 대한민국의 법은 공정하고 법의 잣대로만 판결할 것 같지만, 아니었습니다. 구치소에 갇혀서 직접 겪어보고 간접적으로 들은 우리네 법의 현실은 담당 판사의 마음에 달려 있었습니다. 공정한 법이 아닌, 한 사람의 손에 모두의 인생이 달린 거였습니다.

어떤 결과가 나오더라도 담담하게 받아들이겠다고 다시 한번 다짐하고 서부지방법원으로 가는 법무부 버스에 올라탔습니다. 서부지법 정문엔 언제나 늘 그래왔듯이 애국 국민분들이 우리 서부지법 사건 피고인들을 응원하러 나와 계셨습니다. 첫 심리 재판이 있었던 3월 17일부터 출정이 있을 때마다 오셔서 내부가 보이지도 않는 법무부 버스를 보며 큰 소리로 힘내라며 힘을 주십니다.

심리 재판에 출석하러 갈 때마다 공범[13]으로 엮인 우리는 수갑을 차고 서로 연승 줄로 연결된 채 버스를 타고 법원에 내려 303호 법정 앞까지 갑니다. 이런 과정은 생각보다 힘이 듭니다. 육체적·심리적 부담이 클 수밖에 없는 이 특별한 외출에 응원하러 와 주신 애국 국민분들은 그야말로 저의 피로 회복제입니다. 이분들과 서로 바라볼 수 없고 손도 맞잡을 수 없는 현실이 야속하기만 합니다.

---

13   분명 공모가 없었고 일면식도 없었던 사람들이지만, 서부지법 사건과 관련된 모든 이들은 공범으로 처리했다.

언제나처럼 우리는 지하로 내려가 음악이 흘러나오는 긴 복도를 지나 엘리베이터를 타고 3층으로 갑니다. 법정에 들어가기 전 연승 줄과 수갑을 풀고 순서대로 법정에 들어갑니다.

반가운 변호사님들을 지나쳐 방청석 자리에 앉습니다.

담당 부장 판사가 판결문을 읽어 내려갑니다. 한참을 읽습니다. 눈을 감고 내용을 듣고 있자니 피고인들에게 불리해 보입니다.

예감이 좋지 않습니다.

길고 끝나지 않을 것 같은 판결문을 읽느라 존경하는 판사님 입가에 흰 거품이 생겼습니다. 4월 4일 윤 대통령 탄핵 심판 선고 때 문형배 헌법 재판관도 판결문을 읽느라 입가에 흰 거품이 생겼었습니다. 두 사람이 겹쳐 보이면서 그 거품이 자꾸만 눈에 거슬립니다. 한 시간 넘도록 판결문을 읽은 후 선고를 내리기 시작합니다.

피고인 이름을 부르면 일어나 선고를 받고 앉으면, 다음 피고인이 선고를 받았습니다. 결과는 예상보다 과한 형량입니다. 저는 1년 6개월 징역형입니다.

어떤 피고인은 충격에 실신·오열을 하였으나 담당 부장판사는 항소할 수 있다는 말만 반복합니다.

마치 할 만큼하고 다음 재판부에 떠넘기는 느낌입니다. 피고인들은 말이 안 된다며 웅성거립니다. 모두가 예상보다 높은 형량에 이해하기 어려운 상황인 듯했습니다.

선고는 그렇게 끝이 났고 피고인 대부분과 같이 저도 집이 아닌 구치소로 다시 돌아가야 했습니다. 공범으로 엮인 다른 피고인들과 수갑을 차고 연승 줄로 연결하여 법무부 버스에 오릅니다.

정치 보복이 맞는다고 확신합니다. 법의 잣대가 아닌, 담당 판사 마음 대로가 저와 서부지법 사건 피고인들을 비껴가지 않았습니다. 유치장을 거쳐 구속된 순간부터 저에겐 대한민국 국민의 권리는 박탈당하고 의무와 책임만 주어졌습니다.

폭도로 몰아가고 범죄자 취급하기에만 바빴습니다.

버스 바깥은 평온하기만 합니다.

제가 평생 살아온 삶의 모습이 버스 창밖 너머에 있습니다. 저도 창밖의 수많은 사람과 같았으나 지금은 다른 모습입니다. 속으로 사람들에게 말을 건넵니다.

당신들은 이 자유 대한민국이 위태롭다는 것을 알고 있습니까?

이 나라에 자유가 사라져도 정말 괜찮습니까?

당신들도 저도 같은 대한민국의 국민인데 왜 서로 다른 모습입니까?

왜 가만히 있기만 한 겁니까?

제 안에서 볼멘소리가 터져 나옵니다.

그러는 사이 버스는 남부 구치소에 다다릅니다.

언제나 늘 지나쳤던 구치소 입구에 버스가 정차합니다.

집행 유예를 선고받아 자유의 몸이 된 피고인들이 차례대로 버스에서 하차합니다. 그들은 자유의 몸이 되었는데도 갈색 관복을 벗지 못해서인지 아니면 7개월 동안 통제된 삶에 익숙해져서인지 일렬로 서서 앞사람 등만 보고 걸어갑니다. 한 줄로 서서 천천히 걸어가는 그들의 뒷모습을 보며 마음속으로 축하의 말을 건넵니다. 집으로 돌아가게 되어 다행이라고 말입니다.

그때였습니다. 마지막으로 걸어가던 한 분이 갑자기 몸을 돌려 버스를 바라보고 꾸벅 인사를 합니다. 이내 그 자리에 오도카니 서서 한 손을 입가로 가져갑니다. 울컥한 듯합니다. 버스에 남아 있는 우리가 마음에 걸렸던 모양입니다.

그 모습을 바라보는 저의 마음도 슬픔으로 가득 찹니다.

이번에도 마음속으로 말을 건넵니다.

고개 숙이지 마세요.

미안해하지 마세요.

마음 아파하지 마세요.

2025년 8월 1일 서부지법 사건 1심 판결 후.

가족 품으로 돌아가 당당하게

빛나는 당신들의 삶을 사세요.

남은 이들을 위해

뒤돌아봐 주셔서 정말 감사합니다.

버스는 다시 움직여 구치소 내부로 들어가는 크고 단단한 문을 통과했습니다. 우리를 태운 버스 뒤로 크고 단단한 문이 닫히고 있었습니다.

이후 저는 항소심 최후 진술에서 "할 말 없음"으로 대신했습니다.

자기만의 방

\-

글쓴이 미상 1

구치소 운동장에 핀 꽃들과 식물들을 관찰한 후
자기만의 방으로 돌아와 한참을 생각에 잠긴다.

샤프를 집어 든 후
구치소 운동장의 꽃과 식물들을 가져와
꽃병에다 꽃꽂이한 듯 상상하며
그림을 그리기 시작했다.

꽃과 열매에 색을 입히자
어느덧 자기만의 방엔
생동감이 돌았다.

화병

도둑맞은 진실

–

김태영

구치소에 있으면서도 항상 희망을 품었다.

만약 탄핵 결정이 나와도 국민이 저항할 것이다.
대통령도 탄핵에 불복하고
국민과 함께 거리로 나와 싸워 줄 것이다.

아무 저항 없이 4월 4일이 지나갔다. 3일간 괴로워 아무것도
먹지 못했지만, 다시 희망을 품었다. 투표 거부 운동이 일어나
든, 윤석열이 기존 정치인이 아닌 새로운 후보를 지지해 주든,
기존과는 다른 전략으로 우리 국민이 저항할 줄 알았다. 윤석열
은 김문수 지지를 선언했고, 나는 이번에는 국민적으로 부정 선
거에 관심이 높으니 부정 선거를 저지르지 않을 거라는 희망을
품었다. 이변은 없었다. 이번엔 하루 동안 괴로웠다.

당선 무효를 제기하며 불복할 거라는 희망을 다시 품었다. 그런 일은 일어나지 않았다. 국민도 부정 선거가 확실할 텐데도 아무도 들고일어나지 않았다.

나는 점차 무감각해졌다.

10일 후, 나는 뜻밖에 보석 결정을 받아 풀려났고, 그제야 왜 국민이 들고일어나지 않았는지 알 수 있었다. 구치소에서는 접할 수 없는 희망 고문을 하는 정보가 유튜브와 각종 커뮤니티, SNS 등에 넘쳐났다. 나도 그것들이 진실인 줄 착각했다. 그래서 나도 국민과 똑같이 행동하기 시작했다. 응원하고, 행진하고, 집회에 참여하고 그러다 어느 순간 이게 최선인지 의문이 들었다. 언론만이 아닌 모든 미디어가 세뇌 수단이었다.

그렇다. 국민은 희망에 속아 극렬한 저항을 멈춘 것이다. 국민이 국가의 주인이라는 주권 의식을 망각하고 미국의 도움에만 기대며, 국민적 관심이 집중될 부정 선거에 저항해 들고일어나야 할 기회를 놓친 것이다.

또한, 서부지법 사건은 '부정 선거에 저항한' 사건이 아닌, '윤석열 구속에 반대한' 사건으로 기록되었고 국민적 지지를 받지 못했다. 국민은 여전히 희망을 놓지 못했다.

이제 미디어는 그만 따라다니고, 헛된 희망을 버리고 현실을 냉정하게 파악해야 한다. 부정 선거 문제를 해결할 사람은 대통령도 아니고, 미국도 아니고, 오로지 우리 국민밖에 없다. 현실을 바꾸고 싶다면 자기 자신부터 바꿔야 한다.

우리는 이제 정치에서 한 발짝 물러나 정치 성향과 관계없이 국민 모두를 통합하고 부정 선거에 저항할 방법을 찾아야 한다. 선거 제도만 정상화가 된다면, 모든 것이 정상화로 간다. 나는 그렇게 믿는다.

이타주의의 진화

–

무명의 블랙 시위대

먼저, 어려움에 부닥쳐 있을 때 헌신적으로 나서서 도움을 주신 변호사님들께 진심으로 감사드립니다. 서부지방법원 사건으로 체포된 대부분의 사람은 평생 살면서 경찰서 근처에는 가보지 않으셨던 분들이라고 생각됩니다. 저 역시 마찬가지로 경찰서에 한 번도 가본 적이 없었습니다.

저는 당일에 체포되지 않고 2월 초 퇴근길에 제 차 앞에서 대기하던 형사들에 의해 긴급 체포되었습니다. 1월 19일에 사건이 일어나고 보름 정도 긴장과 두려움 속에서 지냈고, 갑자기 체포되었을 때 어떻게 해야 할지 머릿속이 하얀 상황에서 휴대전화도 바로 압수당했습니다. 그때 '진격의 변호사' 유튜브 채널에 올리신 전화번호가 생각나서 형사에게 변호사님께 연락할 수 있도록 요청했습니다. 밤 11시가 다 되어가는 시간이었는데도 도움을 주셔서 다음 날 변호사님 입회하에 경찰 조사를 받고 그 후 재판까지 잘 진행할 수 있었습니다. 변호사님들께서 나서서 도움을 주시지 않았으면 아마 개인들이 감당하기 쉽지 않은 일이었을 겁니다.

접견도 자주 오시고 자기 일처럼 열심히 도와주셨습니다. 지금까지 최선을 다해 도움을 주신 많은 애국 변호사님들께 이 기회를 빌려 진심으로 감사하다는 인사를 전하고 싶습니다.

또한, 영치금을 후원해 주시고 응원 메시지를 보내 주신 많은 애국 국민께도 감사 인사드립니다. 많은 분이 "힘내세요", "응원합니다" 등 후원과 위로·응원의 메시지를 보내 주셨습니다. 매일, 전날 보내 주신 후원 내역을 시간이 표기된 영수증 형식으로 출력해 전달받았는데 정말 큰 힘이 되었습니다. 보내 주신 응원 메시지 또한 빠지지 않고 노트에 기록하여 힘들 때마다 한 번씩 펼쳐봅니다. 한 분 한 분께 인사드려야 마땅하지만 불가능하여 이 자리를 빌려 감사 인사드립니다.

가족들에게도 특별히 감사하다고 전하고 싶습니다. 경찰에 긴급 체포되어 아무것도 정리하지 못하고 들어와 걱정이 많았습니다. 게다가 체포 당시 휴대전화를 압수당해 포렌식을 진행하고 아무런 공모의 증거도 찾지 못했으나 돌려주지 않아서 일처리가 더욱 힘들었습니다(추후 재판 과정에서 돌려받았습니다). 그래도 가족들이 헌신적으로 제가 처리하지 못하고 온 일들을 정리해,

제가 걱정하지 않도록 최선을 다해 도움을 주었습니다. 접견 예약이 힘들었을 텐데 꾸준히 일주일에 한 번이라도 접견을 오시고 매일 편지를 보내 주시며 응원해 주셔서 지금까지 무사히 올 수 있었습니다. 어려울 때 가족이 어떤 의미인지 다시 한번 느끼는 계기가 되었습니다.

저는 2020년 4·15 총선 직후 제기된 통계학적 이상 현상과 투·개표 과정에서의 여러 가지 문제들을 보고 선거에 문제가 있다고 판단하여 강남역에서 시작된 블랙 시위에 참여하게 되었습니다. 당시 코로나 방역을 핑계로 집회·시위를 전면 금지하여 각자 개인들이 피켓 한 장 들고 강남역에서 논현역 사이를 걷던 기억이 납니다. 2020년 8·15 광복절에는 민경욱 대표님이 집회 금지에 대하여 가처분 신청까지 하며 집회 허가를 받아서 명동에서 수백 명의 사람이 모여 비가 억수로 내리는 와중에도 4·15 부정 선거를 수사하라고 외쳤던 기억이 납니다. 그 후에도 주말마다 서울 곳곳에서 열리는 부정 선거 집회에 거의 빠지지 않고 참석했습니다.

추운 겨울 영하의 날씨에도 강남역에서 양재역까지 매주 집회 후 행진을 했는데 함께했던 육사, 해사 ROTC 구국동지회, 고교연합 등 많은 애국 선배님들의 분투도 눈에 선합니다. 2022년 대선과 2024년 총선을 거치기까지 부정 선거 문제가 해결되기를 바라며 작은 힘이라도 보탬이 되고자 열심히 노력했으나 부정 선거 문제는 해결될 기미가 보이지 않았습니다.

2024 총선에서는 지역에서 투·개표 참관인 모집부터 배정까지 맡아서 하였고, 실제로 투·개표 현장에 참관하여 수많은 의심 사례를 직접 목격하기도 했습니다. 총선 직후에는 지역에서도 부정 선거를 알리기 위해 매주 일요일 부정 선거 증거를 갖고 집회 신고를 하여 정식으로 집회를 이어 갔습니다(같이하시던 분들은 아직도 열심히 하고 계신다고 합니다). 그러던 와중에 2024년 12월 비상계엄과 탄핵 등 일련의 사건들이 제게는 매우 크게 다가왔습니다. 수년간 외치던 부정 선거 문제가 대통령도 정상적인 방법으로는 해결할 수 없을 정도로 이 나라가 부패해 있다는 현실 앞에 좌절감마저 들었습니다. 그 후에 이어진 현직 대통령 체포와 구속 영장 발부 등의 중대한 사건들 속에서 개인적으로 열심히 각종 집회에 참여하였고, 1월 18~19일 서부지방법원 앞에서 있었던 집회에 참석했다가 사건에 연루되었습니다.

서부지방법원 사건과 같은 일은 벌어지지 말았어야 했습니다. 집회 현장에서의 우발적 군중심리에 휩쓸린 저의 잘못으로 구치소까지 오게 되었습니다.

이번 사건으로 체포된 모든 사람은 핸드폰 포렌식을 진행했습니다. 사전에 공모하거나 계획한 바가 없다는 것이 이미 다 밝혀졌습니다.

일면식도 없이 구치소에 들어와 수번표 옆에 있는 공범 표시 '서'자를 보고 나서야 서로를 알아보았습니다. 경찰 조사 과정에서 당시 형사들이 하던 이야기가 생각납니다.

'당일 체포된 사람들 대부분이 어르신들일 거로 생각했는데 젊은 사람들이 훨씬 많아서 놀랐다.'

지난겨울 국가적 위기 상황을 거치며 수많은 젊은 세대가 우리나라의 현실을 직시하고 행동에 나선 것을 잘 알고 있습니다. 지난 5년여 세월 동안 친구들이 관심 두지 않아 항상 안타까운 심정이었는데 이번 사건을 계기로 제 또래 친구들이 깨어나 같이 투쟁하고 있다는 사실이 기쁘고 감사할 따름입니다.

처음 이곳 구치소에 오던 날이 생각납니다.

유치장에서 10일을 지내고 10일 차 오전에 서부지방검찰청을 거쳐서 남부 구치소로 이동하였습니다. 버스를 타고 한강을 건너 영등포를 지나 남부 구치소 입구에 도착한 후 육중한 철문이 열리던 순간은 아마 평생 기억 속에 남을 듯합니다. 두려움과 긴장 속에 신체검사 등 입소 절차를 마치고 신입 방에 들어가(처음 입소하면 신입 방에 2박 3일, 주말이 끼면 4박 5일 지낸 후 방을 배정해 줍니다.) 구치소에서의 첫날밤을 맞이하는데 그 기분은 글로 다 표현이 안 됩니다.

3평도 안 되는 좁은 공간에 5명이 지내는데 답답하고 춥고, 아무것도 모르는 상태에서 두렵고 힘들었습니다. 그렇게 주말까지 4박 5일이 지나고 본방을 배정받아 본격적인 구치소 생활을 시작하게 되었습니다.

서부지방법원 사건으로 구속된 사람들(약 90여 명)은 전부 공범으로 지정됐습니다. 여러 가지 어려움이 따랐습니다. 공범 분리를 이유로 접견도 1회차에 공범 1명씩만 접견할 수 있어서 접견이 매우 힘들었고, 종교 집회 등의 참석도 어려웠습니다. 얼굴도 이름도 모르는 '서' 공범이었습니다(안에서는 '서'자(서짜)들이라고 불렀습니다). 원래는 공범끼리 같은 층에 배정을 안 하는데 공범이 너무 많아서 어쩔 수 없이 방만 분리하여 배정하였고, 제가 지내던 층에서는 서부 동지들이 최대 8명까지도 같이 생활했습니다.

운동이나 접견 등을 위해 복도를 지나다니며 가끔 인사할 때면 어찌나 반갑고 서로 의지가 되던지요. 물론 공범끼리 이야기한다며 경고받은 적도 많습니다. 지난 3월 윤 대통령이 구속 취소로 석방되셨을 때는 서부 동지들의 환호 소리가 구치소 전체에 들리기도 했고, 윤 대통령의 탄핵 소식에는 창밖으로 '서부 힘내자', '기죽지 말자' 등 소리쳤던 것들도 기억납니다. 이렇게 동지들끼리 서로 격려하고 응원하며 때로는 몰래 눈인사하며 지금까지 잘 버텨왔습니다.

이제 1심 선고도 거의 마무리된 듯합니다. 보통 검찰 구형의 절반 정도를 선고한다고 하는데 저희 서부 동지들은 검찰 구형을 그대로 선고받거나 검찰 구형보다 높은 형을 선고받기도 하는 등 같이 지내는 수용자들도 놀랄 정도의 센 형을 선고받았습니다. 저 역시도 1심에서 중형을 선고받고 항소심 진행 중입니다. 같이 구치소에서 하루하루를 견디는 동지부터 가족까지 모두 힘든 시간이 지나갈 거라 생각됩니다. 저도 마찬가지로 살면서 처음 겪는 상황이라 많이 지치고 힘들 때도 있습니다. 그렇지만 이 또한 지나가리라. 또 좋은 일이 있을 거라는 희망을 품고 모두 하루하루 힘내셨으면 좋겠습니다. 같은 시간을 견디는 동지들이 있어서 지금까지 잘 버텨왔고, 앞으로 최후의 1인이 무사히 출소할 때까지 서로 힘이 되었으면 좋겠습니다.

밖에서 응원해 주시고 도움 주신 모든 분께 감사드립니다.

혼자라고 생각이 들었으면 아마 많이 힘들었을 겁니다. 많은 분께서 후원과 응원 메시지로, 편지와 책을 보내 주시며 성원해 주셔서 힘을 내 생활하고 있습니다. 앞으로도 우리 서부지방법원 사건 동지들을 잊지 말아 주시고 지금처럼 응원해 주시면 더욱 힘을 내 지금의 이 어려운 시간을 잘 이겨내고 건강하게 사회로 복귀할 수 있을 것 같습니다. 방법은 잘못되었지만 그래도 나라를 사랑하는 마음은 진심이었습니다. 이 시간이 지나면 다시 건전한 방법으로 나라를 위해 무엇을 할 수 있을지 깊이 고민해 보겠습니다.

거의 20여 년을 TV를 안 보고 살다가 구치소에 들어와 생활하며 어쩔 수 없이 TV를 보게 됩니다.

광복 80주년이라고 각종 행사부터 다큐멘터리까지 다양한 방송들이 나오는데 오히려 2025년 현재 나라를 잃은 듯한 슬픔이 진하게 몰려옵니다. 1948년 7월 17일 헌법을 제정하여 우리 민족에게 과분하게 주어졌던 자유·보통·평등·비밀 선거를 지키지 못하고, 선거를 빼앗긴 오늘의 현실이 뼈저리게 느껴집니다. 1945년 8·15 광복절과 1948년 8·15 건국절을 되새기며 아시아 대륙 전체가 공산주의로 붉게 물들 때 이승만 대통령께서 유일하게 아시아 대륙 끝자락에 자유 대한민국을 건국하고 피와 땀과 눈물로 지켜온 이 나라가 더는 무너지지 않았으면 좋겠습니다. 여러분께서 이 땅의 3.5% 소금이 되어 이 나라가 자유 민주주의 국가로 계속 남아 있을 수 있도록 힘을 보태 주시기를 부탁드립니다.

'하나님이시여,

이로부터 남북이 둘로 갈리어진 이 민족의 어려운 고통과 수치

를 신원伸寃[14]하여 주시고

우리 민족, 우리 동포가 손을 같이 잡고 웃으며 노래 부르는 날
이 우리 앞에 속히 오기를 기도하나이다.'

위 내용은 대한민국 국회 속기록 제1호 문서 일부입니다. 해
방 직후의 기도처럼 지금의 이 어려운 민족사적 고난을 신원하
여 주시고, 어려움 중에 있는 모든 사람에게 감당할 힘을 주시
기를 기도드립니다.

서부 사건 동지들이 이 어려움을 잘 이겨내고 건강하게 사회
에서 만날 날을 고대합니다.

같이 힘을 냅시다. 감사합니다.

14 가슴에 맺힌 원한을 풀어 버리다.

재판이 열릴 때마다 서부지법 앞에서 서부자유청년들을 응원하는 시민들.

콰이어트

농담

–

글쓴이 미상 2

서울구치소장이 경질되었다는 뉴스를 접한 후 밤잠을 이루지 못하는 나날이 이어졌다.

좁은 감방 벽에 붙어서 24시간 돌아가는 선풍기 바람에 숨이 막힐 것 같지만, 몇 시간이라도 눈을 붙이기 위해 몸을 뒤척이다 벌떡 일으켜 세운 건 불현듯 떠오른 생각 때문이다. 더불어 민주당이 새로 서울구치소장을 임명하면 가중될 윤석열 대통령의 고통이 내 일처럼 느껴져서다.

해임된 서울구치소장의 답답하고 기가 막힐 심정도 안타깝지만, 이재명의 심복인 정성호가 구치소장으로 누구를 임명하는지에 따라 윤 대통령의 감방 생활은 쉽지 않을 것으로 짐작되었다.

지금까지 특검이 보인 모욕적이고 분풀이성 구속 처리 과정을 보면 '이 나라가 민주주의 국가가 맞나' 싶게 추잡한데 이보다 더한 짓거리가 행해질지도 모른다고 생각하니 이런 나라에

부치지 못한 편지

사는 것이 한없이 수치스럽고 부끄럽게 느껴진다.

　이 자들은 인간에 대한 기본적인 예의도 인정도
　없는 것일까?

　하긴 특검을 만든 이유 자체가 더럽고 흉악한 짓거리를 맡아
줄 업자가 필요해서라고는 알고 있지만……. 그래도 한 국가의
수장이었던 윤 대통령에게 개만도 못한 행동을 저지르는 자들
의 모습을 TV로 보고 있자니 북한의 김정은이나 러시아의 푸틴
을 욕할 수도 없겠다는 생각이 들었다.
　과연 이런 자들이 한때 동방예의지국이었고, 근면한 민족으
로 최단기간에 경제적 부를 이룬 기적의 한국인들에 속하는가,
하는 의심마저 든다.
　그래서 나라의 수장이 중요하다.
　"국민의 뜻"을 앞세워서 "개딸"이나 "민노총"에서 할만한 짓
거리를 특검과 국회에서 하고 있으면서 그것을 "국민의 심판"이
라고 외친다.

　몇백조를 빌려서 국민에게 선심성으로 몇십만 원씩을 나눠
주더니 다시 몇백조를 빌려서 세종시에다 국회의사당과 대통령
집무실을 짓겠단다.

앞에서는 미국과의 관세 협약을 위해 기업인을 써먹고는 뒤에서는 '노란 봉투법'으로 기업을 난도질하려 하고, 전라도에서 외국 근로자를 욕보였음을 기화로 외국인을 위해 주는 척하면서 건설회사 재해 사고를 미필적 고의로 몰아가면서 밟으려든다. 이런 것을 국가의 수장이라는 자가 나서서 할 일인가?

어려운 외교는 어물쩍 넘어가고 '가만히 있으니 가마닌 줄 알더라'고 농담으로 퉁 치고 뒷구멍으로는 자신의 수족들을 정부 요인으로 꽉꽉 다 채우며 "국민이 원해서⋯⋯"라는 비천함의 모든 것이 현 대한민국 정치의 실상임에 밤잠을 설치고 있다.

'그래, 김건희 여사가 보석과 시계를 뇌물로 받은 큰 잘못을 저질렀다고 치자. 그러면 그전에 국민 세금으로 소고기·초밥을 사 먹고, 과일 등을 사서 제수로 썼던 너희들은 죄가 없는가?'

그런데도 대통령이랍시고 약한 자를 위하는 척은 다 하면서 정치적 복수에 여념이 없는 전직 범죄자가 우리의 대통령이고 우리의 국회의원 나리들이라니. 이들의 비양심적 민주주의를 찍은 국민은 부끄러움을 알아야 한다.

성경에서 예수님은 죄 없는 자가 창녀에게 돌을 던지라고 했다. 우리야 감히 예수님 발뒤꿈치도 못 따라가는 잡것들이라도 우리의 옛 전통인 '인정'을 가진 사람이라면 지켜야 할 '예의'

정도는 지키고 가는 대한민국 국민과 대통령이면 더 좋겠다.

이젠 국적도 국가도 필요 없는 유목민 인류에게 조국이란 의미도 없고 애정의 대상이 아닐지도 모르지만, 우리들의 세금으로 운영되는 나라, 그리고 우리들의 선대들이 피땀으로 일구어낸 조국이라는 타이틀이 남아 있는 한, 우리의 자손들에게 결국 그 죄업은 승계될 수밖에 없다.

그래서 자유 민주주의는 정의로워야 한다.

뫼비우스의 띠처럼 결국엔 다시 돌아온다. 나에게, 당신에게.

혜택 받는 자, 못 가진 자

–

글쓴이 미상 3

2025년 1월, 내란 수사권이 없는 고위공직자범죄수사처(공수처)가 현직 대통령을 체포하고, 1월 18일 서울서부지방법원에 구속 영장을 신청했다. 현직 대통령을 불법으로 체포하고 구속 영장까지 신청하다니. 두고만 볼 수 없었다.

그 길로 나는 유튜브를 켜고 1월 18~19일 서부 법원 인근에서 열린 집회에 참여했다. '영장 기각', '탄핵 반대' 등을 목놓아 외치며 시위를 하던 중 1월 19일 새벽 3시경 대통령의 구속 영장이 발부되었다는 소식을 접했다. 하늘이 무너지는 듯했다. 심장이 빠르게 널뛰기를 했다.

순간, 법원 후문이 뚫렸다는 유튜브 댓글이 내 눈에 잡혔다. 나는 즉시 법원 후문 가까이 달려갔다. 몇 번이나 호흡을 가다듬으며 마음을 달래려 했지만, 좀체 흥분된 마음이 가라앉지를 않았다. 급기야 땅에 있는 벽돌을 집어 들어 법원 유리창을 깨뜨린 뒤 후문으로 들어가서 시위자들이 법원에 들어가는 장면을 유튜브 생방송으로 찍었다. 이후 나는 당직실의 깨진 창문을 이용해 시위자들과 함께 법원 1층 로비까지 진입했다가 현행법으로 체포되고 말았다.

조사만 받고 금방 풀려날 줄 알았다. 아니었다. 하루를 꼬박 경찰서에 체포되어 있었고, 모든 조사를 마친 뒤에도 유치장에 갇혀 구속 영장까지 발부되는 상황에 이르렀다.

1월 24일, 나는 구치소에 수감 되었다. 2월 10일, 구속 기소가 되어 첫 재판을 시작하여 선고 재판까지 받았다. 어라, 어라 하는 사이에, 무슨 일인지도 이해하기 어려운 얼떨떨한 사이에 벌어진 일이었다. 나는 이 모든 결과에 의문이 들었다. 더구나 피해당한 법원이 서부지방법원인데 우리가 재판을 서부지방법원에서 받는다는 게 이해가 되지 않았다. 공정하지 않았다.

그뿐만 아니었다. 수사 과정이나 재판 과정에서 이해되지 않는 부분은 한둘이 아니었다. JTBC와 MBC 기자는 법원 내부에 들어와 취재해도 경찰이 불송치했다. 물론 유튜버인 나와 기자는 신분이 다르지만, 이 또한 공정하지 않다는 생각을 떨쳐낼 수가 없었다. '기자'라는 신분이면 처벌을 피할 수 있는 것인가.

1월 19일, 대한민국 사법부인 서울서부지방법원을 훼손한 짓은 분명 잘못한 것이 맞다. 나라를 사랑하는 마음이었고, 이 나라가 잘못되지 않았으면 하는 바람에서였다고는 하지만, 방법은 옳지 않았다. 그날 놀라셨을 국민께 진심으로 죄송한 마음이다.

마지막으로 하고 싶은 말은 1월 19일 서부지법 사태의 사람을 '범죄자'로 낙인찍지 않았으면 한다. 현 민주당 대표 정청래(미국문화원 방화), 현 국무총리 김민석(미국문화원 점거), 현 대통령 이재명(성남시립의료원 사건 공무집행방해, 공용물건손상) 이 세 사람은 나라를 사랑하는 마음에서 한 일이고, 1월 19일의 우리는 나라를 사랑하는 마음이 아니었을까?

그날의 우리 또한 이 대한민국을 너무 사랑하는 마음이었다.

사건 현장에서 혼자 빠져나간 전 JTBC 리서처 Researcher(조사원).
법원은 증인으로 나온 그를 피고인들로부터 철저히 보호했다.

자유를 위한 두 번째 건국 전쟁

–

구재훈

Yoon again을 외치는 애국 시민 여러분께!

존경하는 자유 시민 여러분, 서부지법 청년 구재훈입니다.

불의에 맞서 싸우고 세상을 정의롭게 변화시키고자 끊임없이 노력하시는 여러분께 깊은 감사의 인사를 드립니다.

우리의 자유를 향한 외침이 하늘에 닿을 때까지 외쳐 봅시다.

우리가 외치는 것은 윤석열 애국 대통령 한 개인을 넘어서 과거 대한민국을 발전시키고 국민의 삶을 향상했던 진정한 가치 그 자체입니다.

개개인의 노력과 능력을 존중하고 발전시켰던 자유의 가치,

기적 같은 경제 성장과 풍요로운 행복을 이끌었던 시장의 가치,

국민의 자유를 수호하고 존엄을 지키기 위해 쌓아 올렸던
한미 동맹과 강력한 국방의 가치,
자유를 실현하고 국가를 존립시킨 민주주의와 법치의 가치,
이 빛나는 가치를 외치는 우리가 대한민국입니다.

그런 가치를 지니고 승리를 해야만 국민의 주권이 회복되고
국가가 바로 설 것입니다. 가치를 잃어버린 채로 승리하는 것은
아무런 의미가 없습니다.

우리들의 애국 대통령을 불법 파면시키고 국가의 존립까지
위태롭게 만들고 있는 짓은 반국가 세력의 선전 선동뿐만 아니
라 그 가치를 잃어버린 모든 정치꾼의 행위입니다.

자리보다 가치를 우선시하는 정치인들을 비롯하여 최전선에
서 큰 역할을 해 주고 계신 서부자유변호인단과 모든 자유 애
국시민 여러분께 경의를 표합니다. 안타깝게도 함께 부르짖지
는 못하지만, 마음만은 늘 여러분 곁에 있음을 꼭 전하고 싶습
니다. 기죽지 마십시오. 다시 한번 함께하지 못함을 사과드리
고 태극기를 휘날리는 여러분의 노고에 진심으로 감사를 드립
니다.

자유를 위한 두 번째 건국 전쟁은 이제 시작입니다.

이승만 대통령께서 말씀하셨습니다.

　"불의를 보고도 일어나지 않는 백성은 죽은 백성이다."
　"적과 싸우기를 포기한 자 역시 나의 적이다."
　"국내외 동포들이여, 일어나라!"

　　　　　　　　　　　　부치지 못한 편지

하, 왜 조그마한 일에 분개하나

–

글쓴이 미상 4

내가 처음 정치에 관심을 두기 시작한 것은 문재인 정부 초기였다. 유튜브 알고리즘을 타고 어쩌다 접한 이슈 영상. 그걸 계기로 정치는 내 주요 관심사가 되었다. 그러나 문재인 정부의 행보는 보는 사람이 화가 치밀어 오르게 하였다. 매일 분노가 차오르기 일쑤였다. 이러다 분노조절장애가 올 것만 같았다.

어느 순간부터 아예 관심을 끊어버렸다. 그때는 어려서 잘 몰랐다. 민주 사회에서 국민이 져야 하는 책임이 무엇인지. 나는 그저 눈을 돌렸을 뿐이었다. 그렇게 식었던 관심이 다시 꿈틀거린 것은 2022년 대선 때였다.

만약 민주당이 재집권한다면 지난 5년간의 악몽이 되풀이될 텐데 그 꼴은 절대 볼 수 없었다. 다행히도 윤석열 후보가 당선되었고, 꿈틀대던 관심은 자연히 사그라들었다. 이제 잘못된 것들이 천천히 제자리를 되찾아 갈 거로 생각했다. 그날이 오기 전까지는 그런 줄로만 알았다.

· · ·

그날은 일찍 잠들었다. 자고 일어나서 아침에 게임 채팅방을 보니 세 시간 천하(삼일천하 비유)라며 대통령을 조롱하고 있었다. 기분이 나빴다. 상대는 학생이다. 뭘 안다고 조롱을 하는 건지. 화를 내고 방을 나와버렸다. 그리고 무슨 일인지 자세히 알기 위해 대통령 담화문을 찾아보았다. 보자마자 머리를 한 대 얻어맞은 기분이었다. 이렇게 될 때까지 아무것도 모르고 있었다니. 무관심과 외면으로 흘려보낸 지난날들이 부끄럽고 죄스러웠다.

'대통령은 만인지상처럼 보였는데 사실 혼자서는 아무것도 할 수가 없구나. 국민이 지지하고 도와주어야 비로소 힘이 생기는 거구나.'

그리고 그것은 명백히 나의 몫이었다. 국가와 개인의 관계. 국민으로서 각 개인이 져야 하는 책임에 대해 고민했다. 이날 깨달았다. 사회에 대한 나의 의지는 내가 직접 관철해야 한다는 것을.

그래봤자 내가 당장에 할 수 있는 일이라고는 집회에 참여하는 것뿐이었다. 12월 4일 대통령에 대한 탄핵 소추안이 부결되자 민주당은 탄핵이 될 때까지 매주 연쇄 탄핵 시도를 하겠다는 의사를 표명하였다. 도대체가 이렇게 몰상식한 정당을 누가 지지하는 건지 이해할 수가 없었다.

그다음 주 토요일, 나는 태어나서 처음으로 집회에 참여했다. 탄핵 반대 집회였다. 그렇게 사람이 많은 광경은 머리털 나고 처음 봤다. 이쯤 되면 탄핵하고 싶어도 못하는 게 아닐까 할 정도로. 하지만 이런 나의 생각이 무색하게 너무나 쉽고 어이없게 대통령 탄핵 소추안은 가결되었다.

대통령을 향한 내란죄 수사가 가속되었다. 민주당은 대놓고 현직 대통령을 강제로 끌어내리고자 했다. 나는 대통령 체포를 막기 위해 매일 관저 앞을 지켰다. 낮에는 출근했기 때문에 퇴근하고 나서 다음 날 출근하기 전까지 자리를 지켰다.

피곤하지만 해야 할 일이라고 생각했다. 1차 체포 시도는 다행스럽게도 무산되었다. 얼마나 마음 졸였는지 모른다. 2차 체포 시도 당일 아침, 나는 아침 6시까지 관저 인근에 있었다. 그때까지도 뒤에서 무슨 일이 일어나고 있는지 몰랐다. 한쪽에서 신혜식 대표가 상황 종료라며 뛰어나왔고, 나는 그 말에 안심하고 출근했다.

출근하고 나서야 내가 안도하던 그 순간에도, 체포 시도 중인 걸 알았다. 그런 줄 알았으면 출근 따위 제쳐버리고 현장에 막으러 갔을 텐데……. 그날은 어떻게 일을 했는지도 모르겠다. 온종일 울었던 기억만 난다. 엄청난 상실감이 밀려들어 왔다. 가만히 앉아서 지켜보기만 했던 내가 한없이 한심했다. 그놈의 형사 소송법 제110조와 제111조가 영장 내용에 포함되었다는 말이 집행 불가능하다는 말인 줄 알았다. 영장이 발부된 자체로 이미 상황이 끝난 줄도 모르고. 너무 멍청했다. 그렇게 울분을 토하며 그날부터는 법원으로 걸음을 옮겼다. 구속만큼은 절대 안 되게 하리라.

1월 18일 토요일, 나는 그날도 일해야 해서 대통령 구속 영장 실질 심사를 유튜브 영상으로 지켜보기만 했다. 그러다 법원 인근에 몰려든 엄청난 인파를 보고 나도 그 자리에 함께해야겠다는 생각이 강렬했다.

저 많은 사람이 나라를 지키기 위해
이렇게 노력하는데…….

가만히 있을 수는 없었다. 내가 서둘러 도착했을 때는 상당히 늦은 시간이었다. 대통령에 대한 구속 영장 실질 심사가 끝난

터라 인파도 상당수 줄어들었다. 법원 주변을 이리저리 돌며 상황을 주시했다. 희망과 절망이 교차하며 머릿속을 복잡하게 만들었다.

'국민이 이렇게 많이 모였는데 판사도 의식하지 않을까?

여론을 외면하지 못할 거야.

근데 저놈들이 언제 그런 걸 신경 쓰는 놈들인가?

심지어 영장 실질 심사를 했던 판사들 전부 우리법연구회 출신이잖아.

판사 배정마저 자기들 입맛대로잖아.

아니야, 그래도 우린 할 수 있어. 그러려고 지금 이 자리에 모인 거잖아.'

대통령 체포로 인해 당시의 우리는 이미 흥분해 있던 상태였다. 다들 말은 안 해도 마음 한편에 그런 마음이 자리 잡고 있었다. 19일 새벽 3시, 뉴스 기사가 하나둘 올라오기 시작했고, 그것은 우리를 걷잡을 수 없는 분노 속에 밀어 넣었다.

· · ·

경찰서 유치장 안, 별다른 감정이 일지는 않는다. 회사는 아마도 관둬야 할 것이다. 조금 씁쓸하지만 이내 털어 버린다. 지금 중요한 건 그게 아니니까. 앞으로 어떻게 되는 건지 걱정이 앞선다. 이 나라가 어디로 흘러갈지 그것만이 관심사다.

아니나 다를까 전원 구속이란다. 혹시는 무슨 개뿔 역시나다. 태어나서 감방 구경을 다 해보게 생겼다. 평생 나랑은 연이 없는 곳인 줄로만 알았는데 이런 날도 다 오는군. 이제 내가 더 할 수 있는 일은 없다. 그저 지켜볼 수밖에.

한두 달쯤 되었을까, 윤석열 대통령에게 구속 취소 결정이 내려졌다. 당연하게도 빌어먹을 서부지법이 아니라 중앙지법의 결정이었다. 무너진 사법 근간 회복의 신호탄이었다. 한편으로는 회의감이 들기도 했다. 그럼 난 여기 왜 들어와 있는 걸까. 물론 그때는 구속이 되면 모든 게 다 끝나는 줄로만 알았다. 들어와 보니 그게 아니었다. 당시 행동이 섣불렀다는 느낌은 지울 수가 없다. 그래도 좋은 건 좋은 거였다. 내가 여기 들어와 있어도 좋으니 잘못된 일들만 바로 잡힌다면 그걸로 족했다. 이제 기다릴 건 탄핵 심판 결과뿐이었다. 2017년의 잘못을 반복하지만 않는다면 이 나라가 다시 우뚝 설 수 있으리.

너무 많은 걸 바랐던 걸까, 아니면 헛된 기대를 품었던 걸까. 이놈들은 대한민국 역사에 씻을 수 없는 오점을 또 하나 남기고 말았다. 나라를 어디까지 망가뜨려야 직성이 풀리는 걸까. 이제

부치지 못한 편지

또 끔찍한 5년이 기다리고 있다. 이번엔 5년만으로는 안 끝날지도 모른다. 우리는 이미 임계점을 넘어버린 게 아닐까. 그렇다고 손을 놓고 있을 수만은 없다. 되려 상황이 이렇게 흘러와 버린 만큼 앞으로 해야 할 일이 더 많아질 것이다. 이번에 맞이한 결말은 씁쓸하지만, 이것은 끝이 아니라 또 다른 시작이니까.

· · ·

우리는 왜 이토록 맥없이 패배했을까. 모두 다소의 떠오르는 이유가 있을 것이다. 돌이켜보면 이번 싸움은 패배할 수밖에 없는 싸움이었다. 그중에는 고질적인 문제도 꽤 있었다. 내가 바라보는 요인을 간략히 살펴보면 다음과 같다.

첫 번째는 우선 너무 갑작스러웠다. 전개가 맥락도 없이 갑자기 클라이맥스로 치달았다. 관객은 전혀 공감할 수 없다. 공감하지 않으니 호응해 줄 수 없다. 달아오르기 위해선 점진적인 진행이 필요했다.

두 번째는 계획이 전혀 없었다는 점이다. 솔직히 나는 계엄 이후 여러 상황에 대한 예비 플랜들이 이미 다 준비되어 있을 줄로 기대했다. 기다리고 기다려도 아무 일도 없었다. 나는 이 점에서 굉장히 실망했다. 막무가내로 저지르고 본 거라니. 밖에서 응원하고 지지해 주는 국민에 대한 배신과 다르지 않다.

세 번째는 언론이 좌파의 전유물이라는 점이다. 이 나라 언론은 중립을 지키지 않는다. 단순히 지키지 않는 정도가 아니라 대놓고 편중되어 있다. 미디어를 객관적으로 수용할 능력이 없는 이들이 이러한 언론으로부터 받는 영향은 지대하다. 아주 작위적으로 좌 성향을 띠고 우파를 깎아내리려 한다.

네 번째는 극우 몰이다. 좌파는 우파를 공격할 때 항상 극우 선동을 한다. 여태 그래왔고 앞으로도 그럴 것이다. 이 프레임을 벗기는 것 또한 우리가 해결해야 할 문제 중 하나다. 오랜 시간 좌파와 언론기관은 국민에게 극우를 각인시켜 왔다. 극우는 악하고 몰상식한 집단으로 자신들은 그에 동조하고 싶지 않다는 마음을 은연중에 심어왔다. 물론 극우는 옳지 않다. 다만, 그들이 선동하는 극우가 진짜 극우가 맞는다면 말이다. 대부분 아니, 거의 모든 경우에 극우라고 지칭하고 보여 주는 이들은 평범한 우파 시민이다. 진짜 극우 성향의 인물을 보여 주더라도 극소수의 그들을 집단 전체로 둔갑시켜 버린다. 극우 몰이는 보수 세력의 확장을 미리 방지하고 정당성을 부정함으로써 보수 세력 자체를 부인하고, 집회·결사의 효과를 좌파에서 독점하기 위한 아주 질 나쁘고 더러운 수작질이다.

다섯 번째는 내부 분열이다. 수령 동무에게 충성하는 좌파와는 달리 보수이기에 일어나는 일이다. 자연스러운 현상일 수도 있으나 문제는 단합이 필요할 때 분열이 더 격화한다는 점이다. 이들은 중요한 순간에 늘 그래왔다. 물론 아군이라도 잘못하면 질타를 해야 한다. 다만, 시의적절할 때 말이다. 당시는 적절하지 않았다. 다소 마음에 들지 않더라도 같은 편이라면 감싸고 옹호해야 할 때가 있다. 최소한 정권은 지켜야 하지 않겠는가. 우리에게는 대안이 없다. 최소한 민주당의 대적관만 확고했어도 이렇게까지 적대하지는 않았을지도 모른다. 하지만 불명확하지 않은가. 점점 무장 해제되어 가는 군대, 약해져 가는 한·미·일 공조, 파괴되는 경제까지. 우리에게는 시간도 여력도 없다. 일단 우리가 주도권을 쥐고서 이후를 논하는 게 맞지 않았겠는가.

· · ·

아무리 슬프고 분하고 억울해도 결국은 다 지나간 일이다. 과거를 붙잡고 늘어져봤자 되돌릴 수 없다. 나는 이번 대선 패배 이후 지속적인 갈등과 분열이 안타깝지 않을 수 없다. 남은 사람들은 새 무대에 올라야 한다. 지나간 일들은 묻어두고 지금에만 집중해도 힘든 시기다. 언제까지 저들이 원하는 대로 놀아날 건가. 왜 전당대회가 고작 전한길 따위에게 휘둘리고 있는가. 발목을 잡는 건 모두 뿌리치고 앞으로 나아가야 한다. 배신자라 욕해도 대의를 내세우고 앞으로만 나아가라. 윤석열과 절연하라거나 찬탄 운운하는 얘기들도 칼같이 끊어내라. 윤석열을 외면하라는 얘기가 아니다. 떠안으라는 얘기도 아니다. 지금 와서 그게 무어 그리 중요한가. 바로 지금, 당장 필요한 곳에, 오롯이 집중하라는 것이다. 지나간 마당에 찬탁이면 어떻고, 반탁이면 어떤가. 우리가 지키고자 하는 것이 고작 그런 것이었나?

언제나 기억하길 바란다.
우리가 추구하는 것은 오로지 자유 대한민국이라는 점을.

부치지 못한 편지

계엄령이 선포되었을 때 저는 친구들과 함께 이구동성으로 "미친 거 아니야?"라며 비난을 했었습니다. 일부 사람들은 술에 취해 감정적으로 계엄을 선포했다며 비난하기도 하였습니다. 하지만 저는 민주당 지지자였음에도 윤석열 대통령을 싫어했음에도 한 가지 의문점이 생겼습니다.

'검찰총장까지 올라 대통령 당선이 되었던 사람이
감정적으로 계엄을 선포했다고?'

대통령이 깊이 생각하지 않고 감정적으로 비상계엄을 선포했다면 당연히 대통령 자격이 없습니다. 하지만 윤 대통령 임기 초반부터 탄핵 프레임을 만들어 공격했던 무리가 있었고, 그들에게 선동의 빌미를 제공한다는 것을 모를 리 없었을 텐데 정말

계엄을 선포한 이유가, 그 진실이 궁금해졌습니다.

인터넷 창을 켜고 검색하기 시작했습니다.

윤석열 대통령이 언급한 반국가 세력은 무엇이고 어떤 실체적 진실이 있는지, 계엄령 선포가 법을 어긴 것인지, 계엄령으로 민주주의가 파괴되었는지, 계엄군이 몇 명이나 투입되었는지, 선관위에는 도대체 왜 계엄군이 투입되었고, 국회보다 어째서 더 많은 인원을 투입하였는지 등을 찾아보고 그 실체적 진실을 마주하였을 때 저의 세상은 무너졌습니다. 저는 부끄럽게도 민주당을 지지하고 김어준 방송을 챙겨보던 좌파였기 때문입니다.

12월 3일 이후 며칠간 윤석열 대통령을 욕하기 바빴던 것 같습니다. 생각할수록 이해가 되지 않았습니다. 국회 표결이 이루어지고, 순식간에 계엄이 끝났고, 어떠한 불상사 역시 없었습니다. 이렇게 되면 곧 본인의 탄핵 표결로 이어질 텐데 이런 허접한 계엄을 내렸다는 게 이해되지 않았습니다.

역사상 단 한 번도 없었던 거대 야당의 줄 탄핵, 예산 폭거, 간첩 법 개정 반대 등 대한민국 국민이라면 이해할 수 없던 행동들을 민주당에서 해 왔던 것입니다. 그 사실을 뒤늦게 깨닫고 그동안 민주당에 선동당해 반일 운동, 검수완박 집회 참석 등을 하며 내가 정의라고 생각해 왔던 것이 너무나 부끄러웠고, 부끄러움을 넘어서서 분노가 치밀어 올랐습니다. 자유 대한민국을 수호하기 위해 태극기 집회에 참석하여 부정 선거를 외쳐오던 조부모님께 극우라고 비난하고, 거짓 선동당하시는 게 부끄럽다고 막말하며 언쟁을 이어 가던 스스로에게 죄책감과 부끄러움의 파도가 밀려왔습니다.

그것도 잠시 위선자들에게 수년간 속았다는 사실에 분노가 치밀었습니다. 그동안의 나의 잘못을, 조부모님께, 애국 시민분들께 손가락질하고 욕했던 나의 잘못을 씻을 수 있는 것은 무엇이 있을까를 고민했는데 대통령을 불법 체포한다는 뉴스를 확인하고, 대통령 관저로 달려가 밤을 지새우며 지켰습니다.

또한, 수차례 연단에도 올라 애국 시민분들께 저의 지난 잘못들을 말씀드리며 사과드리기도 하였습니다. 아스팔트 위는 정말로 추웠습니다. 그렇지만 애국 시민분들께서 "젊은이 이렇게 나와줘서 고마워"라고 말씀해 주실 때마다 마음이 따뜻해져 포근한 겨울을 보냈고, 시간이 지날수록 수많은 2030 청년들이 거리로 쏟아져 나오는 것을 보고 희망을 보았습니다.

그러던 어느 날 불법 영장, 가짜 영장을 가지고 대통령을 불법 체포하고, 구속 영장 실질 심사한 그날 차은경 판사의 "피의자가 증거를 인멸할 우려가 있음"이라는 고작 15자로 구속 영장이 발부된 것에 너무나 황당해했고, 저를 포함한 애국 청년들의 분노로 서부지법 항쟁이 벌어지게 되었습니다.

그 이후 2025년 3월 1일 광화문 집회에 참석하기 위해서 인천에 있는 자택에서 외출 준비를 하던 중 마포경찰서 소속 형사들에 의해 긴급 체포되었습니다. 그 과정에서 자택 압수 수색이 이루어졌고, 태극기와 'STOP THE STEAL' 스티커 등이 증거품으로 촬영되었습니다. 배후가 누구인지 밝혀낸다는 것을 명분 삼아 휴대전화 포렌식을 당했습니다.

경찰 조사 당시 누구의 지시로 집회에 참석하였는지 누구와 사전에 공모하였고 주동자가 누구인지 등의 질문을 받았습니다. 마치 누군가와 반드시 엮어내고야 말겠다는 목적이 있는 듯했습니다. 그렇지만 포렌식을 했다고 한들 자발적으로 저 혼자 참여한 집회인데 배후자가 나올까요? 배후자가 있다면 김어준이 배후자고 주동자가 있다면 이재명이겠지요.

구치소에 있는 시간은 하루가 1년 같이 느껴져 힘들고 괴로운 나날이었습니다. 민주당 지지자로부터 구타와 가혹 행위를 당하는 일도 있었습니다. 윤석열 대통령이 탄핵당하고 범죄자 이재명이 대통령이 되는 일도 있었습니다.

재판 일정은 점점 길어지고 밖으로 나갈 수 있는 날은 언제가 될지 앞이 보이지 않았습니다. 날씨가 더워져 숨쉬기조차 힘들어진 날도 많아졌습니다. 그럴 때마다 많은 애국 시민분들께서 소중히 모아 보내 주신 후원금과 응원 메시지를 받으며 마음을 추슬렀습니다.

'아직 나를, 우리를 잊지 않은 사람들이 있다.
이 어려운 시기에 이런 소중한 선물을 후원해 주시니
아직 우린 끝나지 않았다. 아직 지지 않았다!'

이러저러한 생각이 들었습니다. 무료 변론을 해 주시는 능력 있는 변호사님들도 계셨습니다. 든든했고 재판에 당당히 임할 수 있었습니다. 재판을 받으러 법원으로 가는 날이면 서부지법 애국청년들을 응원하고자 오신 애국 시민분들을 창문 너머로 만날 수 있었습니다. 감사하고 또 감사했습니다. 저희가 희망을 품을 수 있었던 것은 지금까지도 목소리를 내며 곁에서 함께 싸워주신 수많은 분이 계셨기 때문입니다.

아직도 가짜가, 범죄자가 대통령을 하며 나라를 찢고 있는 우리나라의 현주소를 이야기하고자 말을 꺼내면 "극우야, 정치병자야?" 하는 사람들을 쉽게 만나볼 수 있습니다. "나는 정치에 관심이 없는 중도니까, 그저 평범한 시민이니까 괜찮을 거야"라고 말하는 이들이 있습니다. 그런 이들에게 꼭 이 글을 전하고 싶습니다.

"나치가 처음 공산주의자들을 덮쳤을 때, 나는 침묵했다.

나는 공산주의자가 아니었기 때문에.

그다음에 그들이 사회민주당원들을 가두었을 때, 나는 침묵했다.

나는 시민당원이 아니었기 때문에.

그다음에 그들이 노조원을 덮쳤을 때, 나는 침묵했다.

나는 노조원이 아니었기 때문에.

그들이 내게 왔을 때는, 나를 위해 말해 줄 이들이 아무도 남아 있지 않았다."

처음에는 히틀러의 등장을 지지했지만, 그 실체를 깨닫고 난 후에 반나치 운동을 벌이다가 강제 수용소에 수감됐던 마르틴 니묄러 목사의 '나치가 그들을 덮쳤을 때'라는 글입니다.

우리의 대통령은 불법에, 불법에, 불법으로 체포·구속되어 탄핵당하였고, 보수의 가치를 망치는 자들에 의해서 보수 진영이 흔들리며, 가짜 대통령과 악의 무리가 판을 치며 양곡관리법, 노란 봉투법 등 악법들을 내며 나라를 망가뜨리려 하고 있습니다. 그렇다고 가만히 주저앉아 있을 수는 없습니다. 이 나라 이 땅을 지키고자 하는 싸움은 계속되어야 합니다. 그들이 만들고자 하는 세상, 그런 세상이 오는 것만은 막아야 합니다. 그리고 그런 세상이 오는 것을 막을 기회는 아직 남아 있습니다.

다 함께 싸웁시다!

침묵하지 맙시다!

나를 위해 말해 줄 이들이 곁에 남아 있을 때.

내 이름은 수번 2XX8

–

수번 2XX8

안녕하세요. 저는 30대 평범한 청년인 수용번호 2XX8이라고 합니다.

저는 1월 18일 낮부터 19일 새벽까지 시위에 참여하고 있다가 서부지법에서 결과가 나온 후 서부지법 상황을 촬영하러 부지 내에 들어갔다가 특수건조물 침입 현행범으로 체포되어 195일의 구금 기간을 거친 뒤, 8월 1일에 1심 재판 결과에 따라 징역 1년에 2년 집행 유예를 받아서 사회로 나오게 됐습니다. 생전 처음으로 그날인 1월 18일 오후 2시 30분경부터 서부지법 앞에 모여 시위에 참여했습니다.

원래 저는 사람들이 말하는 '샤이보수'입니다. 평소 정치에 큰 관심이나 표현을 하지는 않았으나 기존 진보 진영의 다양성을 위한 정치가 비효율적이라 생각하고, 추구하는 가치에 비해 그것을 좇는 사람들이 보여 준 위선적인 행태에 질려 보수 성향

부치지 못한 편지

을 갖고만 있었습니다. 사실 이전 진보 정권에서 일어난 일들이 국가 전체의 성장이 필요한 청년들의 삶을 더 힘들게 만들었다고 생각합니다. 페미니즘을 위시한 청년 성별 갈라치기, 원전 산업을 죽이고 신재생 에너지를 추구하며 만든 비경제적인 산업 구조, 실패한 경제 정책에 의해 끝을 모르고 치솟는 집값, 이런 것들이 청년들에겐 희망보다는 절망을 가져다주었다고 생각합니다. 화합과 희망보다는 절망과 분열을 일으켰기에 기존과 같은 진보 진영을 지지할 수가 없었습니다. 특히 그들이 무시했던 2030 남자로서는 더욱더.

그런데 12월 3일, 계엄 직후 개인적으로는 옹호하지 않았지만 계엄 배경은 알아야 한다고 생각했고, 찬찬히 살펴보니 그러한 선택을 하신 이유가 나타났습니다. 그간 이루어졌던 민주당의 무분별한 탄핵을 통한 국정 마비, 절대다수라는 횡포를 등에 업은 입법 독재, 헌정사 최초로 여야 합의 없는 독재적인 예산 삭감 등의 비합리적인 상황이 대통령이 극단적인 선택을 하게 만든 것이었습니다. 물론 계엄이 무조건 옳았다는 것은 아니지만, 이 모든 것을 알게 된 후 저는 자리를 박차고 나가 시위에 참여할 수밖에 없었습니다.

게다가 수사 과정에 있어서 적법하지 못한 방식으로 억지 영장을 발부하는 모습을 보니 대한민국이라는 나라의 합리성과 공정성이 더는 존재하지 않는 것 같았습니다. 지하철을 타고 나가 역에서부터 서부지법 앞으로 걸어가며 누군가 나눠 준 피켓을 손에 쥐고 많은 분의 '목소리'에 제 '목소리' 하나를 더했습니다. 그저 더해야 하기에, 더해 주고 싶었기에, 피켓을 들고 묵묵히 서 있었습니다. 원래 오래 참여하려고 한 시위가 아닌지라 서 있기를 3시간여 하다 보니 점점 추위를 견디기가 어려웠습니다. 그런데도 많은 사람이 '목소리'를 내는 모습이 올바르고 아름다운 민주 시민들의 모습이라 생각했습니다.

이에 저는 잠깐 집에 들러 저녁을 먹고 옷도 단단히 챙겨 입고 나오려고 오후 6시경에 집으로 돌아가 모든 준비를 마친 후 밤 10시 30분 무렵에 다시 나왔습니다. 제 집이 그리 멀지 않아 밤 11시 무렵에는 다시 서부지법 앞으로 돌아왔습니다. 낮에 비하면 많은 사람은 아니었지만, 여전히 자리를 지키고 계신 분들이 있었습니다. 한결같이 '목소리'를 내는 그들에게로 다가가 저도 그 '목소리'와 하나가 되었습니다.

낮에는 제가 서 있기만 했지만, 밤에는 저도 소리를 높여 "불법 체포, 영장 기각!"의 여덟 글자를 외쳤습니다. 뭐 사실 중간중간 춥고 목이 아파서 그만 집에 가고 싶은 마음도 있었습니다만, 낮보다 줄어든 '목소리'여서 제 작은 '목소리'라도 얹어 조금이라도 커질 수 있다면, 또 우리의 연대를 보여 줄 수 있다면 제

개인의 자그마한 힘듦이 뭐가 중요하겠습니까. 기존 서부지법의 행태를 보면 가능성이 크다고 생각한 것은 아닙니다만, 그래도 목소리를 내는 것이 옳다고 생각했기에 계속해서 외친 것입니다.

새벽 3시 즈음이 되니 그제야 결과가 나오더군요. 인용이었습니다. 그 자리에 있던 많은 사람이 허탈해했습니다. 몇몇은 분노하기도 했습니다. 저는 속으로 한숨을 쉬며 귀가하려고 공덕역 쪽으로 발길을 돌리고 있었는데 사람들이 한곳으로 몰리기 시작했습니다. 무슨 일이 있나 싶어 저도 그들을 따라갔습니다. 도착해 보니 많은 소음과 함께 북 같은 것을 치고 있는 사람들이 있었고, 생각과는 다르게 분노한 사람들이 벽돌을 던져서 유리창을 깨기도 하고 간판을 발로 밟고 있기도 했습니다. 저는 위험하다고 생각했습니다. 이러한 방식은 기존의 평화 시위 방식으로 냈던 '목소리'를 오해할 수 있게 만들 것 같아 위험하다고 생각했습니다. 한편으로는 '이 사람들이 얼마나 부당함을 느꼈으면 이런 행동을 할까'라고도 생각했습니다.

그래서 저는 당시의 상황을 기록하기 위해 서부지법 부지 내로 들어가게 된 것입니다. 경찰에 제보할 목적이 아니었습니다. 저는 유튜브 방송도 하지 않습니다. 기존의 시위 때에도 역사적인 상황이라 생각하여 핸드폰으로 기록을 해뒀고, 당시의 상황도 기록을 해둬야 할 것 같아서 기록해둔 것이지 어떠한 자극적이고 편향적인 모습을 기록하기 위함이 아니었습니다. 단지 있는 그대로의 상황을 기록해야만 할 것 같았습니다.

불법이라는 생각은 추호도 하지 못했습니다. 우습게도 공공기관인 학교도 야간에 개방하는 때가 있기에 문제가 되지 않으리라는 생각을 했던 것입니다. 게다가 제가 들어갈 때는 울타리가 있는 줄도 몰랐고, 처음 가본 곳이고, 또 개방되어 있기에 들어가도 되는 줄 알았습니다. 필로티 구조를 따라 들어가니 많은 사람이 있었고, 거기서 촬영하다가 저도 현행범으로 체포되었습니다.

처음에는 '아, 나는 아무것도 안 했으니 별일 없겠지'라는 생각이었기에 아무 저항도 하지 않고 가만히 체포에 응했습니다. '미란다 원칙'을 고지당하고 경찰차에 타는 순간 그제야 무언가 잘못되어감을 느꼈습니다. 경찰서에 도착하고 나서는 처음에 형사님이 모두 초범이니 조사 후에 석방이 될 것이라고 했고, 저는 제가 아무런 잘못을 하지 않았으니 훈방이 될 거로 생각하였는데 훈방이 석방으로, 석방이 구속으로 바뀌는 데에는 그리 오랜 시간이 걸리지 않았습니다. 그 과정에서 수반된 좌절과 괴로움은 매우 길게 느껴졌습니다. 다행히도 홍 변호사님과 박 변호사님께서 일찍 오셔서 옆에서 든든히 계셔주시고 또, 최선을 다해 조사와 변호해 주신 덕분에 버틸 수 있었습니다. 이때 제가 받았던 느낌은 마치 끝을 모르는 구렁텅이에서 끌어 올리는 구원의 손길을 받는 듯했습니다. 감사했습니다.

그렇게 저는 195일의 여정을 시작하게 되었습니다.

이번 일로 가장 고통스러웠던 것을 꼽자면 자신에 대한 '미혹 迷惑'이었습니다. 여전히 저는 제가 한 행동에 대해 한 점 부끄러움이 없습니다. 제 행동으로 인해서 제가 바깥에 남겨두고 온 것들, 저의 부재로 피해 본 많은 직장 동료들, 그리고 가족들까지 힘들었던 것을 생각하다 보면 저의 경솔함이 큰 피해를 준 것 같아 결과적으로 내가 옳았는지에 대한 의심이 불쑥불쑥 들었습니다. 옳았다고 생각합니다. 그렇지만 이게 진정 옳은 행동이라고 할 수 있겠습니까? 너무도 많은 가까운 이가 피해를 보았습니다. 옳았는지에 대한 의혹이 찾아올 때면 끝을 모르고 솟구치는 자괴감에 한참을 괴로워했습니다. 자신에 대한 의심이 진정으로 괴로운 것은 시도 때도 없이 내면에서 울려대기 때문입니다.

제가 그 긴 시간을 견딜 수 있었던 것은 유대와 연대 덕분입니다. 열과 성을 다해 변호해 주시고 바쁘심에도 잦은 접견으로 위로와 격려를 건네주신 장 변호사님, 저 때문에 계속 일하시느라 자주 못 오지만 종종 보내 주는 가족들의 편지, 계속해서 이어지는 많은 분의 감사와 정성으로 하나하나 빚어 주신 격려,

이곳에 있는 같은 '서'자 글자를 달고 있는 피고인들, 이 모든 것들이 하나씩 쌓이고 촘촘히 얽혀져 흩어지지 않을 강한 유대와 연대를 만들어서 제 안의 미혹과 의심마저 말갛게 씻어 주었습니다. 오히려 이번 일이 일어나기 전보다 강하게 더 나은 세상이 올 것이라는 확신을 가질 수 있었습니다.

이번 일로 제 개인의 일을 떠나 사회적으로 가장 걱정했던 것은 계속해서 올라가던 대통령의 지지율이 떨어질까, 혹은 더 이상 올라가지 않을까 하는 데 있었습니다. 언론은 우리를 절대적인 악으로, 비이성을 가진 폭도와 극단적인 극우 사상을 가진 이들로 포장할 것입니다. 그것을 접하는 대다수 국민들은 자극적인 부분만 보기에 우리 모두를 그런 시선으로 보고, 우리를 일방적으로 부정하려 할 것입니다. 사회에 미칠 파장에 큰 걱정이 들 수밖에 없었습니다. 변호사님께서 큰 영향 없이 다시 괜찮아졌다고 이야기했을 때 얼마나 안도했는지 모릅니다. 다행이다, 참으로 다행이라고 생각하며 위안받을 수 있었습니다.

이곳에 온 이후로 주말만 되면 가장 먼저 보는 것이 TV 뉴스와 신문입니다. 그것을 통해 보는 문밖의 세상에서는 많은 분이 전국 각지에서 한마음 한뜻으로 같은 목소리를 내고 있었고, 우리들의 염원을 이뤄내기 위하여 최선을 다하고 있었습니다. 행동하는 이들이 그렇게 많다는 것은 그만큼 세상을 바꾸는 힘이 되고, 그 힘은 결국 공정과 상식이 펼쳐지는 세상을 만들어 낼 것입니다. 지금의 파행적이고 비정상적인 사회에 저항하며, 우리의 의지를 올바르게 표현하는 모습이, 만들어 내는 역사의 한 흐름이 얼마나 아름다운지 이곳에서야 알게 되었습니다. 아직은 그 세상이 오지 않았지만, 여러분들이 있다면 꼭 오게 될 것입니다. 감사합니다.

특히 대통령님께서 구속 취소가 되어 나오실 때, 저는 그 세상의 일부를 엿본 것만 같았습니다. 단지 개인의 구속이 취소된 게 아니라 저에게는 서부지법 앞에서 구속 취소를 외치던 저 자신이 틀리지 않았단 확신을 확인하는 인생의 커다란 한 획이었습니다.

우리들의 염원과 성토에도 불구하고 큰 시련이 찾아왔습니다. 우리에게 이런 비정상적인 거대 야당의 폭거와 전횡을 알리셨던 대통령님께서 탄핵 심판 결과 탄핵이 되셨습니다. 계엄이라는 극단적인 방식에 내려진 결과는 탄핵뿐이었습니다. 거기에 책임을 지고 파면이라는 결과를 받으신 채로 떠나가시게 되었습니다. 야당 아니 지금의 거대 여당은 그 행태에 아무것도 책임지지 않았고, 승자가 되어 모든 것을 독식하고 있습니다. 협치와 타협은 버려둔 채로 그저 보수를 억압하고 괴멸시키는 데에 주어진 권력을 사용할 뿐입니다.

이 일련의 사태에 많은 관심이 있지 않았던 이들은 우리를 절대적인 악으로, 민주당을 절대적인 선으로 착각하기 쉽습니다. 과연 이것이 옳습니까? 헌법재판소의 판결문에서도 탄핵 사태에 일방적인 책임이 있는 것은 아니라고 하였습니다. 그런데도 한쪽은 모든 것을 손에 쥔 채로 영광을 독식하고, 한쪽은 괴멸에 가까운 피해를 본 채로 모든 책임과 잘못을 떠안는 것이 옳으냐는 것입니다. 이대로 가면 억울하게도 탄핵부터 대선까지 집결되었던 보수 세력은 괴멸을 면치 못할 것입니다.

묻겠습니다. 불의와 불공정에 들고 일어난 우리는 아무런 의미 없는 행동을 한 것입니까? 아닙니다. 단언컨대 우리의 행동, 몸짓, 목소리는 아무런 의미가 없지 않았습니다. 제 삶에서 이렇게 많은 이들이 뜻을 가지고 행동하는 것을 본 적이 없습니다. 행동하는 이가 이리도 많았다는 것은 말했다시피 세상을 바꾸는 동력이 됩니다. 비록 지금은 못 바꿨지만 언젠가 바꿀 것이라 믿고, 우리는 우리에게 남아 있는 뜻을 이어 가야 합니다. 이번 일의 과정에서 나타난 우리가 보였던, 볼 수 있었던 뜨거운 염원으로 빚어낸 세상이 반드시 오리라는 것을 믿어야 합니다.

지금은 민주라는 핑계로 자행되는 행태에 의해 숨죽여 버텨내야 하는 칠흑 같은 어둠이지만, 이렇게 어둡다 하더라도 우리는 서로 희망의 등불이 되어 주고, 믿음이 되어 주어야 합니다. 우리가 가진 합리로 지금의 비상식적인 행태를 깨부수어야 합니다.

민주당의 폭거를 통한 행정 마비, 일방적인 입법, 동덕여대나 민노총과 같이 파행적인 집단에 면죄부 부여, 사법 체계에 대한 악의적인 공세까지도 대체 여기에 무슨 공정이 있단 말입니까. 공존을 위한 것이 아닌 특정 인물 혹은 특정 세력의 독존을 위한 행태일 뿐입니다. 대선 이후 지금까지 펼쳐진 현 정권의 실태를 보십시오. 중도 보수로 확장하겠다며 통합 운운하더니 비상식적인 인사를 기용하여 국민을 농락하고 국민의 알 권리를 철저히 짓밟으며 청문회를 유명무실하게 만들었으며, 협치는커녕 보수 말살이라는 기치 아래 상대방을 적으로 규정하여 분열의 골을 더 넓히고 있습니다.

또 기업하기 좋은 나라를 만든다고 했지만, 2차 상법 개정안과 노란 봉투법을 일방적으로 밀어붙이면서 마지막 숨을 헐떡이고 있는 많은 기업의 숨통을 끊으려 하고 있습니다. 마찬가지로 경영자는 절대 악으로 규정하고, 노동자는 절대 선으로 규정해 갈등을 더욱 부추기면서 일방적인 친노동 정책들로 나라의 근간이 되는 기업의 생산성을 뒤흔들고 있습니다.

여기에 대체 어떤 통합이 있고, 어떤 화합이 있단 말입니까.

그들에게는 어떤 행동을 해도 봐줄 수 없는 적과 어떤 행동을 해도 용서하고 감싸 안을 수 있는 동지밖에 없는 것입니다. 이것이 진보 정권 아니 좌파들의 민낯이자 그들 본연의 위선입니다. 모든 것을 도외시한 채 적의 말살만이 지상 목표가 되는 맹목적인 광신도, 바로 그들을 지칭하는 말입니다. 저는 이 사실을 뒤늦게 깨달았습니다. 그들을 이성적인 대화의 대상으로 생각했습니다. 제 착각은 이곳에서 나가기 직전에야 간신히 그것이 착각이었음을 깨달을 수 있었던 겁니다. 그들은 대화의 대상이 아닙니다. 투쟁의 대상입니다. 그들에게는 그들과 같은 방식으로 해야 그제야 대화가 될 수 있다는 겁니다. 투쟁을 통한 대화만이 합리적인 방식입니다. 모두가 아닌 자신의 동지만을 위한 기울어진 사회를 만들고 있기에 저는 이 강압적이고 불공정한 사회에 끝까지 저항할 것입니다.

저에게 주어진 권리를 최대한 활용하여 행사함으로써 제 의무를 다하겠습니다. 여러분 힘을 냅시다. 우리의 저항이 저항이 아니게 될 때까지 모두 믿고 나아갑시다. 우리는 이번 일로 인해 배운 것이 많습니다. 먼저 진보 진영의 집단적 행동과 지독함과 위선을 배웠습니다. 사회 각 계층을 장악하여 어떤 방식으로 자신의 세를 불리는지를, 언론을 통해 어떻게 상대 진영을 프레임화시키는지를, 마지막으로 왜 보수가 필요한지를 깨닫게 되었습니다.

도덕적 선에 취해 자신의 잘못은 가린 채 그저 보수를 지지한다고 하면 집단적인 린치를 가하는 그 위선을 똑똑히 지켜보았습니다. 이제 그들의 방식을 보고 배웠으니 우리는 그들과 같은 방식으로 대응할 수 있게 되었습니다. 아무리 보수가 자신의 소신과 합리를 토대로 살아간다고 하지만, 그들을 상대하기 위해서는 이제는 하나로 뭉쳐 그들처럼 집단화하고 그들을 상대할 힘을 길러야 합니다.

이번처럼 보수가 분열되면 집단화한 진보 세력에 의해 부서질 뿐입니다. 물론 그런 좌파와 같은 생태계를 구축하기에는 오랜 시간이 걸릴 것입니다만, 그날이 온다면 보수는 그 어느 때보다 찬란하게 빛날 것입니다. 좌파와 동등하게 아니 그들을 압도할 것입니다. 이것은 평등을 절실하게 추구하는 소외된 약자들을 향한 투쟁이 아닌, 약자라는 이름으로 폭력을 자행하는 새로운 기득권 세력에 대한 투쟁입니다. 비록 지금은 더없이 어둡지만 다가올 미래는 환히 빛나고 있습니다. 그러니 현실에 좌절하지도, 낙담하지도 말고 상식적인 미래를 준비하고 기다리며, 다가올 그 미래를 열기 위해 한 발자국씩 내디뎌야 합니다. 다들 힘을 냅시다.

이번 일로 저에게 남은 것은 전과, 제가 내팽개친 이들에 대한 슬픔과 자책, 괴로움, 그리고 부모님과 가족의 사랑, 유대와 연대의 힘, 신념의 재확인, 마지막으로 자유의 가치와 소중함입니다. 잃은 것도 있고 얻은 것도 있으나 잃은 건 얻은 것에 비하면 아무것도 아닙니다. 그저 한 때의 오욕에 가까운 것일 뿐, 이번 일로 얻은 인생의 깨달음이 저에겐 더 값진 게 되었습니다. 그중 진정한 자유의 가치라는 것, 그것이야말로 우리의 세계가 지향해야 할 지고의 가치입니다.

자유를 잃어버림으로써 알게 된 소중함은 제가 사랑하는 대한민국에서 살아 숨 쉬는 한 그것의 가치를 잊지 않고 살아가려 합니다. 그저 공정과 평등, 상식, 마지막으로 자유가 실현되는 아름다운 대한민국이 오길 바라며 이 글을 마칩니다. 지금까지 이 긴 글을 읽어 주신 분들께 감사드립니다. 여러분들 덕분에 제가 버틸 수 있었습니다. 앞으로 서로 합리가 되어 특정 누군가만을 위한 대한민국이 아닌, 희망의 꿈을 꿀 수 있는 평등한 자유 대한민국이 되기만을 바랍니다. 힘을 냅시다.

구치소에서 모두는 이름 대신 2XX8, 4115 등으로 불렸다.
관복 오른쪽은 방 번호, 왼쪽의 '서'자는 서부지법의 공범 표시다.

사막에서 길 찾기

–

유재환

안녕하십니까, 저는 서울에서 테라피 숍을 운영했던 40대로, 닉은 '힐러', '힐' 이름은 유재환입니다. 대선이 있기 전부터 윤석열 대통령님을 지지하여 단체 카톡방인 '윤석열과 다시 대한민국 국민연대', '윤대국'을 만들어서 훌륭하신 분들과 함께 관리해 왔습니다.

대통령님 임기 초에 지지 세력은 없고, 반윤 언론과 SNS 등 온갖 곳에서 윤 대통령님을 비난하고 음해하여 나름 지지하는 국민이 많다는 것을 보여 주고 싶어서 '윤대국'을 만들게 되었습니다.

그곳에서 미흡하지만, 대통령님의 업적 등을 자발적으로 알렸고, 또 대통령님의 인간다움이 잘 알려지지 않아서 그런 따뜻한 인간적인 모습 등을 업적과 함께 웹자보에도 알려, 언론에서 감췄던 윤 대통령님의 긍정적인 부분 등을 알려 왔습니다.

부치지 못한 편지

그리고 '윤대국' 사람들과 함께 집회에 나가서 윤 대통령님과 자유, 대한민국을 지지해 왔습니다. 윤대국에서 했던 활동 중 대중에게 좀 알려졌던 것은 매스컴에 부정적으로 도배된 '비상 계엄'이란 단어를 승화시켜 '비상 계몽'이란 단어로 만든 거 같습니다. 그렇게 윤 대통령님과 자유, 대한민국을 지지하며 활동하던 중 대통령님의 어이없는 탄핵 소식을 접했습니다. 범죄당의 불의한 탄핵 표 가결과 불법적인 체포 소식을 접한 후 제 일을 모두 뒤로하고 한남동에서 밤을 지새우며 지내다 불법적인 구속 영장 소식을 듣고 1월 18일 서부지방법원으로 향하게 되었습니다. 거기서 애국민들과 함께 후문의 경찰 벽을 뚫고 법원 내부에까지 진입했다가 1월 24일 아침 출근하던 중 잠복 중인 경찰들에 의해 체포되어서 마포 유치장에 며칠 수용된 후 구속되어 남부 구치소에 갇히게 되었습니다.

처음 구치소에 들어갔을 땐 당황스럽기도 하고, 긴장해 겁이 났습니다. 방 사람들과 여러 일이 많았지만, 트러블과 위기 등을 모두 극복하고 지금은 운동을 함께하며 잘 지내고 있습니다. 이번에 제가 구치소 생활을 해보니 이곳은 사람이 살기 너무 힘든 곳이란 생각이 들었습니다.

5평 남짓한 방에 7명이 함께 생활하려니 자리가 협소한 건 말할 것도 없고, 화장실 사용과 잠자리 등 불편한 게 한둘이 아니었습니다.

구치소 생활 체험을 판·검사들도 한 번 체험하게 하여 지금의 구치소 생활을 개선할 필요가 있단 생각이 들었습니다.

얼마 전에는 숍 건물 주인이 20여 년을 운영해 왔던 제 숍을 뺀다는 사실을 우편으로 통보해 왔습니다. 예상은 했었지만, 막상 그것을 통보받고 보니 마음이 좋진 않았습니다. 구치소 들어오기 전에 대출 사기도 당했습니다. 그렇다고 구치소에서 제가 할 수 있는 건 아무것도 없었습니다. 그래도 괜찮습니다. 그 전부터 어느 정도 구속은 각오했었으니까요. 저는 우리 대통령님이 범죄당에 의해 부정하게 탄핵당했을 때부터 각오했었습니다. 대통령님께서는 대한민국의 국민과 자유를 위해서 부정한 범죄당에 의한 30여 명의 묻지마식 고위 관료 탄핵과 대통령실 활동비 전액 삭감, 검찰 특수 활동비 전액 삭감, 청년지원금 삭감 등으로 대한민국 국정이 마비되어 가는 것을 막고자 대통령으로서 마지막 수단이라 할 수 있는 '비상 계몽'을 선포하셨으니까요.

비록 우리 대통령님께서 부정한 탄핵을 당하셨지만, 저는 대통령님을 대한민국의 불세출의 영웅이라 생각합니다. 우리 대통령님은 언제가 되었든 어디가 되었든 반드시 다시 돌아오실 것입니다.

저는 너무나 의롭고 따뜻하고 뛰어난 능력까지 겸비한 대한민국 불세출의 영웅 윤석열 대통령님을 끝까지 지지할 것입니

부치지 못한 편지

다. 그리고 이번 '1·19 항쟁'은 훗날에 반드시 그 진실이 밝혀지고 재조명되어 대한민국 역사에 기록될 것으로 믿습니다. 자랑스러운 영광의 역사로 말입니다.

사막에서 길을 찾는 힘든 여정이지만, 우리 애국민들 모두 끝까지 포기하지 말고 진실을 위해, 대한민국을 위해, 자유를 위해 지치지 말고 계속해서 함께 싸웠으면 합니다.

4월 18일 새벽 5시 30분

–

글쓴이 미상 6

고목가枯木歌[15]

– 이승만 1898 作

슬프다 저 나무 다 늙었네

병들고 썩어서 반만 섰네

심악한 비바람 이리저리 급히 쳐

몇백 년 큰 나무 오늘 위태

원수의 탓작새(딱따구리) 밑을 쪼네

미욱한 저 새야 쪼지 마라

---

15 1898년 이승만 대통령께서 발표한 시. 조선의 위기와 희망, 그리고 애국정신을
    담은 애국시. 당시 찬송가 가사의 음수율을 차용해 쓴 최초의 신체시로 평가받기
    도 한다.

쪼고 또 쪼다가 고목이 부러지면

네 처자 네 몸은 어디 의지依支 하려고

버티세, 버티세 저 고목을

뿌리만 굳박여 반근盤根 되면

새 가지 새 잎이 다시 영화榮華 봄 되면

강근强根이 자란 뒤 풍우 불외不畏

쏘아라 저 포수 땃작새를

원수의 저 미물 나무를 쪼아

비바람을 도와 위망危亡을 재촉하여

넘어지게 하니 어찌할꼬.

4월 18일 새벽 5시 30분

누구나 그렇듯 나는 호기심 많고 꿈이 많은 어린 소년이었다.
부모님께서는 항상 세상의 밝고 아름다운 모습만을 보여 주려 노력하셨고, 나는 세상이 그런 이상적이고 밝은 곳인 줄로만 알았다.

친구라고 하는 아이들이 내가 소중히 여기던 물건을 훔쳐 가도 의심조차 못 하고, 나올 리 없는 물건을 온 집안을 샅샅이 뒤져 찾아보곤 했었다.

그렇게 세상을 바라보는 나의 시선은 점점 밝은 유채색에서 어두운 무채색 잿빛으로 변해 이 세상에는 빛과 그림자가 있으며, 진실은 언제나 회색빛이라는 것을 깨달았다.

살아오면서 심심치 않게 듣고 보았던 그 말 '불편한 진실'.

시간이 흘러 중년이 된 지금도 누군가 나의 가장 중요한 것을 훔치고, 빼앗으려 하고 있다는 불편한 진실 앞에 서 있다.

나는 더 이상 이상적으로만 세상을 바라보는 어린 시절의 그 소년이 아니기에 나의 소중한 것을 쉽게 빼앗기지 않기 위해 노력할 것이다. 죽창을 들고 달려드는 적에게 선비질 하며, 맨몸으로 맞서지 않고, 더욱 날카롭게 날을 세운 창으로 맞설 것이다.

'사람이 먼저다'라거나 '국민들의 뜻이다'라고 하며, 매번 국민을 들먹이며 '천룡인' 행세하는 그들은 국민의 알 권리를 심각하게 침해하고, 진실로부터 눈을 멀게 하여 우리를 그들의 노예로 만들고 있다.

일본에 나라를 빼앗겼던 예전처럼, 지금 우리나라에는 같은 민족의 등에 칼을 꽂으며 등쳐먹는 매국노가 국회는 물론 온 나라에 수두룩한, 참으로 개탄스러운 상황까지 벌어지고 있다.

자신들의 이익만을 좇는 중도라는 자들은 자신들만이 청렴한 줄 착각하고 있고, 진실을 알려고 노력조차 하지 않으며, 진실을 갈구하는 보수 진영의 우리를 향해 매국노들 편에 서서 함께 욕하며 방해만 일삼는다. 그들 또한 매국노와 다를 바가 없다.

이곳 구치소 안에서의 생활보다 나를 더욱 힘들게 하는 것은 '부패한' 언론을 통해 보는 '부패한' 대한민국의 현 상황이다. 그 사실이 나를 기운 빠지게 하고 삶의 희망을 느끼지 못하게 할 때, 우리를 위해 열심히 노력해 주시는 변호사님들과 나라를 위해 열심히 싸우고 계시는 애국자 분들의 소식을 들으면 견딜 만큼의 힘이 생긴다.

지금 우리는 또다시 자력이 아닌 미국의 힘을 빌려야 하는 상황으로 보인다. 역사는 반복되듯이 우리는 다시 한번 이겨낼 것으로 믿어 의심치 않는다. 지금 우리는 대한민국 역사에 기록될 아주 큰 사건 속에 들어와 있다는 사실을 잊지 말아야 할 것이다.

나는 더는 자발적으로 노예가 되어 '천룡인'을 만들지 않을 것이며, 이 나라 노예가 아니라 '자유 민주주의' 대한민국 '국민'

이라는 것을 그들에게 멈추지 않고 끝까지 소리칠 것이다.

하루에도 수십 번 휘몰아치는 감정은

마치 토네이도와 같고,

토네이도가 지나간 곳은 폐허가 된다.

잔해를 치우고 정리를 하려 노력하지만

그 잔해는 날카로워 나에게 상처를 입힌다.

잠시나마 밝던 하늘은 먹구름이 끼어 햇살을 가리고

짙은 안개가 내려앉아 시야를 가린다.

조금씩 색이 입혀지던 세상은 하룻밤의 꿈만 같았고

언제나처럼 잿빛으로 변했다.

세상과 사람에 대한 내 믿음은

쿠킹 포일처럼 구겨져 버렸다.

부치지 못한 편지

서부지법 앞에서 청년들을 응원하는 모녀.

가장 자유로운 곳

–

이영주

저는 2025년 1월 19일 서부지방법원 주변과 경내에 있었던 시위에 참여하였고, 그 행위 결과로 2월 말 체포된 이후 남부 구치소에 갇혀 재판을 받고 있습니다. 저는 애국자가 아닙니다. 국민의 한 사람으로서 나라를 사랑하며, 대한민국이 올바르고 제대로 된 나라로 발전하기를 소망하는 소시민일 뿐입니다.

시위대 중 체포된 사람들은 그날 법원 안으로 들어갔기에 현행법상 형사 처벌을 받을 수밖에 없는 상황입니다. 그렇지만 비상 계엄령 선포 전후로 거대 야당(민주당)의 입법 독재가 선을 넘어 위법에 위법을 자행했고, 내란 혐의로 윤 전 대통령 체포 시도와 구속 영장 발부 과정에서 드러난 위법 행위에 분노한 많은 애국 시민들의 분노가 표출되었다고 생각합니다.

부치지 못한 편지

민주 시민 사회에서 일반 대중 다수는 정치나 입법 과정, 법의 적용과 실행이 올바르고 정의롭게 이루어지는지 무관심한 편입니다. 관심이 있다 하더라도 현상 너머의 진실에는 눈을 감는 것이 현실입니다. 양심적인 소수는 법에 복종하기보다는 정의에 복종하는 모습을 보입니다.

'법을 따를 것인가, 정의를 따를 것인가' 또는 '국민이고자 하는가, 인간이 될 것인가'와 같은 질문의 문제 의식 현상에 반응하기에 정의를 따르는 모습을 보인다고 생각합니다.

헨리 데이비드 소로는 이렇게 말했습니다.

'정부가 노예를 강요한다면,
감옥이 가장 자유로운 곳이 된다.'

이 말에 수긍이 되는 것은 감옥에 몸을 가두어 구속할 수는 있어도 사상이나 생각의 자유마저 빼앗을 수는 없기 때문입니다. 그렇지만 막상 인신 구속으로 감옥 생활을 해보니 감옥은 전혀 녹록지 않은 곳입니다.

저는 대한민국에서 태어나 50년 넘게 사는 동안 법을 어겨 벌금형 한 번 받은 적이 없기에 감옥은 꿈에서조차 생각해 본 적 없었습니다. 영화와 소설에서나 볼 수 있는 장소였습니다.

감옥은 인간의 본성을 거슬러 자유를 빼앗고 억압하는 장소입니다. 영화 〈빠삐용〉, 〈대탈주〉, 〈쇼생크 탈출〉에서 주인공들은 탈출을 통해 자유를 되찾는 꿈을 꿉니다. 베스트셀러 작가 김영하의 에세이집 《단 한 번의 삶》을 보면, 감옥에 대한 그의 단상이 나옵니다. 그는 1980년대 대학생 시절에 시위에 참여하기도 했는데, 감옥에 갇힌 적이 없던 그가 가끔 꾸는 악몽이 감옥에 갇히는 꿈이라고 합니다. 감옥이라는 공포감이 그의 무의식을 건드린 듯합니다.

저의 구금 생활 6개월 동안 굵직한 정치적 사건들이 있었습니다.

윤 전 대통령 구속 취소(3월 10일),

헌법재판소의 대통령 탄핵 인용(4월 4일),

대통령 선거 및 신정권 출범(6월 3일),

내란 특검에 의한 윤 전 대통령 재구속(7월 10일).

제가 인신 구속당한 상태에서 정치적 상황은 더욱 나빠졌습니다. 서부지법 사태로 재판을 받는 많은 애국 시민들이 1심 재판에서 대부분 실형을 선고받았습니다(8월 1일).

부치지 못한 편지

집권 민주당과 메이저(주요한) 미디어와 언론은 비상계엄을 내란죄로 프레임 씌워서 보수를 분쇄하고, 여론 몰이로 국민의 눈을 가린 채 선동하고 있습니다. 그들은 계엄에 대한 헌법적 정당성을 말하거나, 부정 선거(4·10, 4·15) 사실을 규명하고자 하는 정의로운 시민들을 음모론자나 극우로 몰아가고 있습니다. 감옥에서는 레거시 미디어만 접할 수 있는데, 좌편향 뉴스와 신문을 보며 답답한 심정으로 하루하루를 보내고 있습니다.

일방적으로 폭주하는 비민주 세력에 짓밟혀, 기울어진 운동장을 바로 세우기는커녕 제대로 된 가치조차 자리 잡지 못한 채 분열하는 보수 진영에 실망감을 떨쳐낼 수가 없습니다. 1심 결과를 기다리는 저로선 향후 나올 선고 결과에 불안감을 떨쳐낼 수가 없습니다.

헌법재판소가 윤 대통령 탄핵 결정을 내렸을 때 많은 애국 시민들과 국민은 분노했습니다. 저 역시 크게 실망하고 충격받았습니다. 헌법 재판관의 8:0 만장일치 탄핵 인용이라니. 이와 비교해 대선 직전 이재명 민주당 대표의 공직선거법 위반에 대한 대법원 파기 환송에서 이를 반대하는 좌파 성향의 대법관 몇 명은 당당히 실명을 밝히고 소수 의견을 내는 모습을 보였습니다.

대통령 탄핵에 참여한 헌재 8명의 재판관 중 일부 보수로 분류되었던 재판관들은 모두 어디로 도망갔는지 실망스러웠습니다. 보수는 왜 이렇게 비겁한 걸까요. 헌법재판소가 대통령의 고유 권한인 비상계엄을 위헌이라고 하고 내란이라 하니, 국민은 제대로 따져보지도 못하고 헌법 최고기관의 권위에 눌려 그렇게 믿어버릴 수밖에 없는 상황이 되고 말았습니다. 이렇게 정치 상황이 흘러가는 모습을 보면서 순간적으로 제 생각이 잘못된 것인지 '인지부조화'를 겪을 지경이었습니다. 그렇지만 대통령 탄핵 결정 다음 날인 4월 5일 신문에 실린 칼럼을 보고는 무엇이 옳은 것인지 다시 중심을 잡을 수 있었습니다. 그 칼럼은 헌법학계의 최고 권위자인 허영 교수의 글이었습니다. 간략히 소개합니다.

'다수의 폭정' 넓혀준 위험한 결정

국가 긴급권 행사 여부는 그 주체인 대통령만이 판단할 수 있는 고도의 통치행위다. 따라서 사법부는 그에 대한 적법성 판단을 자제하여야 한다.

(중간 생략)

헌재는 국민이 선출한 대통령이 갖는 강력한 민주적 정당성을 무시했다. 적법 요건의 판단에서도 헌법과 법률이 정하는 절차적 정당성을 철저히 외면했다.

부치지 못한 편지

소추 사유의 철회·변경은 소추의 동일성을 해치지 않는 범위 내에서만 가능하다는 형소법 규정을 어기면서까지 소추의결서에서 내란죄를 철회할 것을 허용했다. 내란죄를 철회했어도 기본적인 사실 관계는 동일하게 유지된다는 논리는 견강부회 주장이다. ……

따라서 탄핵 소추가 적법하다는 결정은 중대한 적법절차 위반이다. ……

비상계엄을 선포한 것이 어떻게 파면을 정당화할 중대한 위헌, 위법 행위인가. ……

헌법을 수호해야 할 헌재가 오히려 헌정 질서를 파괴하는 현실을 보며 말문이 막히고 참담한 심정이다.[16]

현재 세상 돌아가는 형국은 비민주 세력이 득세하고, 민노총 산하 언론노조에 장악된 레거시 미디어가 진실을 왜곡하고 있지만, 어느 쪽이 비헌법적이고 비민주 세력인지 알 수 있습니다.

감옥에 갇혀 지내는 동안 위로가 되는 존재는 물론 가족입니다. 걱정과 안타까운 심정으로 접견도 오고, 편지를 쓴 뒤 보내 줍니다. 여기에 추가할 사람들이 있습니다. 서부지법 사건으로 함께 감옥에 갇힌 애국 시민들은 공범으로 취급받기에 감옥 내

---

16 문화일보, 2025년 4월 5일 자 기사 발췌.

에서 이동할 때 대화가 금지되어 서로 말을 걸지 못하게 구치소 교도관의 엄격한 관리를 받고 있습니다. 그렇지만 같은 일로 갇힌 존재로서 가끔 지나치다 또는 마주칠 때면 눈치껏 가벼운 눈인사를 하곤 합니다. 그렇게 서로의 존재만으로도 큰 힘이 되고 있습니다.

무엇보다 밖에 있는 애국 시민들의 격려가 큰 힘이 되었습니다.

사건 발생 후 3개월까지 적지만 형편에 맞게 십시일반으로 성원하는 성금(영치금)과 응원 메시지(메모)로 격려해 주신 많은 애국 시민들께 감사의 말씀을 올립니다. 무너지지 않고 버티는 데 큰 힘이 되었습니다.

글을 쓰다 보니 가장 고마운 분들을 가장 나중에 쓰게 되네요.

애국 변호를 맡아주신 변호사님들께 진심으로 감사하다는 말씀을 드립니다. 경찰 체포 시부터 유치장 접견, 경찰 조사, 검찰 조서, 재판에서의 변호 진행, 그리고 재판 사이에 접견해 주시면서 법률적으로 도움을 주시고, 심리적인 위로를 해 주셨습니다.

감금된 애국 시민들 상당수가 제대로 사례하지 못했음에도 애국 변론을 맡아, 몸과 자유가 구속된 우리의 방어권이 보장되도록 하고, 우리의 입이 되어 주셔서 너무나 감사합니다.

행동은 그날 애국 청년들과 시민들이 했지만, 이들을 법률적으로 지원하여 주시는 변호사님들이 제대로 알려지지 않은 영웅들Unsung Heroes입니다.

그리고 서부자유변호사협회를 결성하였다고 하니, 앞으로 대한민국을 올바르게 세우는 그 걸음이 큰 발자취로 남기를 기원합니다. 감사합니다.

여자 수용자들의 생활방 취침 모습.

부치지 못한 편지

내일 아침이 오면

–

JP

거대 야당의 정치 폭거에 화가 났습니다.

두 번씩이나 제가 뽑은 여권 대통령이 탄핵당해 암울했고, 현직 대통령 체포를 제한하는 법조항들을 예외시키면서 영장이 발부되는 것을 보고 대한민국 법치의 위태로움을 느꼈습니다.

'탄핵 반대 집회'를 '탄핵 찬성 집회'로 둔갑하는 기자를 목격하기도 했었고, 여론을 왜곡 보도하는 언론 현실에 분개하기도 했습니다.

혹한의 겨울을 수많은 애국 시민분들과 함께 아스팔트 위에서 태극기를 높이 들고 '탄핵 반대'를 목놓아 함께 외쳤습니다. 서로의 온기에 기대어 추위도 물리쳤습니다. 조국의 미래를 생각하며 태극기를 들다 보니 수많은 사연 속에 눈물을 흘리면서 이 나라와 미래 세대를 걱정했던 선조들을 생각하지 않을 수 없었습니다.

직무 정지된 대통령을 향해 "총을 맞더라도 체포하라"는 야권의 목소리가 높아진 가운데 윤 대통령은 국민이 무력 충돌로 다칠 것을 걱정해 자진 체포되었습니다.

영장 실질 심사를 하는 동안 미디어에선 '국민 여론이 대통령의 구속을 바라는 것처럼 보도'했습니다. 저는 대통령의 불법 구속을 반대하는 국민의 외침이 혹여 판사에게 닿을까 싶어 서부지법으로 향했습니다. 밤새워 불법 구속 반대를 외쳤습니다. 그러다 한순간 법원 내로 들어가게 되었고, 저는 구속되었습니다.

수감 생활 중 문득문득 마음이 무너지려는 순간이 있었지만, 영치금으로 응원해 주시는 분들과 출정 시 힘내라고, 잊지 않겠다고 서부지법에 나와 외쳐 주시는 분들, 변호인이 되어 주신 분들의 도움과 위로를 받아 힘내서 버티고 있습니다.

너무나 감사한 애국 시민들이 안겨 준 이 소중한 응원들은 잊을 수 없을 것입니다. 간혹, 법원에 들어간 것을 후회하기도 하지만, 그 회한 속에서 깨닫는 것들을 차곡차곡 정리하고 있습니다.

당장은 힘들어도 머지않아 맞이하게 될, 희망의 그 날을 기다

부치지 못한 편지

리고 또 기다립니다. 2024년 12월 3일의 비상계엄으로 구속 수감 중인 공직·애국 시민분들은 낙담하지 말고, 어둡고 긴 이 터널을 뚫고 나갈 것을 간절히 바랍니다.

모든 애국 시민분들께 고맙고 감사하다는 말씀을 드립니다. 자유 대한민국 만세!

보이지 않는 곳에서 힘 써주시는 분들이 많은 줄로 알고 있습니다. 변호사님들의 노고에 진심으로 감사드립니다.

내일 아침이 오면, 오늘보다 더 힘을 낼 테니 변호사님들께서도 힘을 내십시오.

수선화는 겨울이 끝나갈 즈음인 봄에 가장 먼저 피는 꽃.
'어둠 뒤에 오는 빛'의 뜻이 있다.

부치지 못한 편지

2025년 2월 28일

서부지법 자유청년 변호인단의 보도자료 기사 모음

변호사도 손절한 서부지법 청년들?
"영치금·취업제안 쇄도… 경제적 문제 완전 해결"

변호인단, 구치소 수감 청년 편지 공개… 좌파 유튜브 '받아쓰기' 기자엔 손배소

서부지법 자유청년 변호인단은 유정화 변호사 페이스북 계정을 통해 남부 구치소에 수감 중인 30대 남성의 편지를 공개했다.

좌파 유튜브 채널 등을 통해 서부지법 사태와 관련하여 변호사들이 도망치듯 사임하고 있다는 허위 사실이 급속도로 유포되고 있어 정확한 사실 관계를 알리려는 취지로 편지를 공개한다고 밝혔다.

편지에서 청년은 체포 당시의 암담한 심정은 물론 변호인단의 적극적인 조력을 받고 있음을 전했다.

"처음에 체포되고 구속되었을 때 많은 걱정이 앞섰습니다. 다니던 직장은 당장 인원이 필요하여 퇴사하였고, 일하지 못하는 동안의 생계가 막막하였고, 나중에 풀려났을 때 취업해야 하는 문제가 있었습니다.

유치장에서 혼자 근심·걱정에 빠져 마음이 무거웠을 때쯤 유정화 변호사님이 찾아오셨고, 도우러 왔다고 말씀하셨을 때 불안했던 마음이 순식간에 사라졌던 그 순간을 아직도 잊을 수가 없습니다. 그 이후 수사, 구속 심사, 재판 진행 등 모든 과정에서 변호사님의 도움을 적극적으로 받았고, 그 순간마다 저는 불안한 마음 없이 편히 임할 수 있었습니다."

또한, 윤석열 대통령을 지지하는 국민들로부터 영치금과 취업 제안이 쇄도하여 경제적인 문제도 완전히 해결됐다는 근황도 전했다.

"처음 영치금 영수증을 받았을 때 한분 한분의 성함과 응원 메시지를 간직하고자 영수증을 모으기 시작했는데 지금은 영수증이 셀 수 없이 많아져 어떻게 보관해야 할지 진땀을 빼고 있습니다. 또한, 석방 이후 따로 도움을 주시겠다고 연락하시는 분들과 직장 문제를 해결해 주시겠다고 도와 주시려는 분들도 너무 많아 감사한 마음에…… 그저 감사한 마음뿐입니다. 지금은 경제적인 문제들도 더 이상은 문제가 되지 않게 됐고, 가족들도 여러 연락을 받고, 또한 이런 소식들을 전해 듣고 마음이 많이 안정되셨습니다."

〈김어준의 뉴스공장〉과 함께 대표적인 좌파 유튜브 채널로 꼽히는 〈고양이뉴스〉는 (2월) 26일 유튜브 커뮤니티에 "자신들이 테러한 법원에서 재판받게 된 서부지법 폭도들. 폭도의 변호사들은 탈출하는 중"이라며 서부지법 사태 변호사들이 연달아 사임서를 제출했다는 취지의 허위 사실을 게재했다.

〈뉴스 1〉의 소 모 기자와 〈매일경제〉 조 모 기자는 〈고양이뉴스〉가 유포한 거짓 사실에 더해 "서부지법 폭동러들 변호사 구하기 힘들어서 개업 4년 차 변호사에게 수임료 5000만 원, 2심까지 하면 3000만 원 더 준다고 부모들이 빌고 있다고 한다. 그러나 법원 폭동 일으킨 중범죄자들 변호라 아무도 안 하려고 한다더라"라는 네티즌의 글을 인용한 허위 내용을 보도했다. 서부지법 자유청년 변호인단은 이에 대해 언중위 제소는 물론 명예훼손 손해배상을 청구했다고 (2월) 28일 알려 왔다.

서부지법 변호인단 공보담당 유승수 변호사는 "허위 사실 유포로 여러 차례 문제를 일으킨 친민주당 성향 유튜버의 일방적인 주장과 출처 불명 네티즌의 글을 별도의 사실 관계 확인 없이 사실인 양 보도한 것은 명예훼손의 고의가 있다고 볼 수밖에 없다"며 소 제기 이유를 밝혔다.

〈김어준의 뉴스공장〉과 함께 대표적인 좌파 유튜브 채널로 꼽히는 〈고양이뉴스〉는 TBS PD 출신 원재윤 씨가 운영한다고 알려졌다. 원 씨는 이명박 대통령 자택에 쥐약을 배달하려 한 혐의로 징역형 집행 유예를 선고받은 바 있다. 윤석열 대통령 관련 허위 사실 유포로 고발당해 검찰에 불구속 기소 의견으로 송치되는 등 사회적 물의를 많이 일으킨 유튜버로도 손꼽힌다.

서부지법 자유청년 변호인단에는 고영일, 김지미, 소정임, 연취현, 유정화, 임응수 변호사 등 20여 명 변호사가 참여 중이다. 서부지법 사태 관련 체포자들은 현재 80여 명에 달하며, 그 숫자는 계속 늘어나고 있다.

변호인단은 국민의힘 윤상현 의원의 협조를 얻어 서부지법 체포 청년들을 폭도로 매도하지 말고, 민주노총·대학생진보연

합 등 좌파 단체 가담자들과 동등한 기준으로 대우해 줄 것을
사법 당국에 요청하는 기자회견을 열기도 했다.

2025년 2월 28일

서부지법 자유청년 변호인단 일동

서부지법 사태 관련 남부 구치소 수감 청년 편지 전문

안녕하세요! 이번에 서부지법일로 남부구치소에 수감
중인 30대 청년입니다.

부정과 불의를 용납지 않고 맞서 싸우시는 너무나 많은
분들이 응원해 주시고 자신의 일처럼 혹은 친구, 가족의
일처럼 도와주셔서 그 마음 하나하나가 너무 소중하고
감사하여 이렇게 편지를 쓰게 되었습니다.

처음에 체포되고 구속되었을 때 많은 걱정이 앞
섰습니다. 다니던 직장은 당장의 인원이 절요하여
퇴사하라며 일하지 못하는 동안의 생계가 막막했
고, 나중에 풀려났을 때 취업해야 하는 문제가
있었습니다. 가족들도 제가 구속되어 걱정이 앞서
미안한 마음이 들었습니다. 앞으로 수사나 재판,
구치소·교도소 생활은 어떻게 해야할지 막막했
습니다.

유치장에서 혼자 근심·걱정에 빠져 마음이 우거겼을
때 꿈 무정한 변호사님이 찾아오셨고 도우러
왔다고 말씀하실 떠 불안했던 마음이 순식간에
사라졌던 그 순간을 여직도 잊을 수가 없습니다.

195   부치지 못한 편지

3부

돌이킬 수 없는
그날의 약속

현실에서의 진실은 그다지 복잡하지 않다.
진실을 왜곡하고 감추려는 과정이 복잡할 뿐.

그곳으로부터의 사색

–

수번 2XX8

2025년 3월 4일.
구치소 41일 차

평일은 다소 바쁘다. 3일간의 긴 연휴는 너무도 싫증이 나버려 평일인 오늘이 오기만을 간절히 바랐다. 새삼 인간은 사회적 동물이라는 것을 느끼고 있다. 나는 내 개인의 가치관이 이제는 단단해졌을 즈음이라고 생각했는데 이곳에서의 시간이 오래될수록, 특히 교류가 없는 주말일수록, 나 자신의 옳음에 대한 끝없는 시험에 든다.

과연 너는 옳은가.
네가 생각하는 것이 틀리지 않았는가.

외로움과 의심의 끝에서 불안과 불신이 싹트고 그것을 다시 옳다고 덮는 일이 무수히 반복되는 것이다. 인간의 유대라는 것의 가치를 새로이 깨닫는다. 아직 혼자로서 '나'를 확립하기에는 멀었다고 느껴진다. 아침 라디오에서는 새 학기라고 많은 이들의 설렘과 걱정이 느껴졌다. 나 또한 응당 있어야 할 곳에서 맞이해야 했을 터인데 무엇을 하는 것인지.

다소 착잡한 마음을 가지고 하루를 시작했다. 이러한 마음 또한 운동 시간에 만나 사람들과의 대화로 날려 버리고 그 유대의 힘을 새삼 또 느끼는 것이다. 날이 추워서 그랬는지 눈이 기분 좋게 내리기도 했다. 아직도 겨울인가 보다. 변호사님과의 접견 또한 내가 틀리지 않았음을 다시 느끼는 과정이 된다. 변호사님께서 무죄를 주장해 보자고 했다. 내가 부지 내로 들어갔을 때 문이 개방되어 있었기에 이 '죄'는 보는 시각에 따라서 혐의가 성립되기 어려울 수도 있을 것이란 이야기를 들었다.

물론 이것은 재판을 대법원까지 갔을 때를 가정한 일이다. 더는 잃을 것이 없는 나로서는 기꺼이 그렇게 하자고 말씀드렸다. 매번 일기에 감사하다고 표현하기는 하나, 그것만으로는 부족할 정도로의 큰 감사와 희망을 느끼게 하시기에 변호사님과의 만남은 마치 구원의 동아줄을 잡는 느낌이다. 나를 인간으로서 남게 해 준 가장 큰 밧줄. 오늘도 그에 감사드리며 이전보다는 희망을 안고 잠을 청한다.

2025년 3월 5일,

구치소 42일 차

새벽에 잠에서 깨어 한참을 생각했다. 분명 취침하기 직전까지는 상쾌하게 잠들 수 있을 듯했으나 실제로는 쉽사리 잠들 수가 없었다. 어제 자기 전 가졌던 희망이 혹시나 또, 다시 한번 무너지게 될까 봐 무서웠던 것 같다. 반복되고 학습된 좌절이 갖게 하는 가장 큰 무서운 점이다. 언제나 희망을 꿈꿀 수는 없었지만, 지금까지는 어느 정도의 낙관을 하고 그에 따라 행동해 왔다. 그리고 어느 정도 긍정의 확증편향으로 살아왔다. 크게 실망한 적은 없었기에 무서울 것 없이 살아온 것이다.

그러나 지금은 희망이, 낙관이, 긍정이 더 무섭다. 그것이 무너질 때 받을 충격이 지금의 나로서는 버티기 어려울 것 같아서다. 이곳의 사람들과는 자신의 힘듦을 공유하기엔 서로 너무 짊어진 것이 많다. 모두 웃는 낯으로 서로를 대하지만 서로의 속은 너무도 썩어 있다. 다들 서로가 자신을 위해, 서로를 위해 가면을 쓴다. 모두의 가면극, 군중 속의 고독, 그것이 우리가 할 수 있는 최선의 선이다. 그래서 오늘 누군가의 연락이 오기만을 절실히 기다렸는데 아쉽게도 편지는 도착하지 않았다. 한 장이라도 오길 바랐는데 참으로 씁쓸하다. 그렇지만 오늘도 많은 분이 성원을 보내 주셨는데 그중 익숙한 이름이 있었다. 아마 고모와 이제는 전 직장이 된 곳의 부장님이었다. 고모는 그렇다 치지만 부장님께서 보내 주신 것이 너무도 죄송스러웠다. 나 때문에 일을 떠맡으셔야 했을 때도 그렇고, 이렇게 신경써 주시는 것만으로도 고개가 무거워졌다. 오늘도 가슴 속에 하나의 죄가 추가된다.

모두 정말 감사하지만 내가 이럴 자격이 있는가 싶기도 하다. 그저 한 분, 한 분의 이름을 외고서 감사를 표하고 하루를 마무리한다.

2025년 3월 14일.
구치소 51일 차

라디오에서 알게 된 것이 있다. 바로 오늘이 화이트 데이라는 것. 그에 나도 사두었던 사탕을 꺼내 먹었다. 사회에서는 이날 사탕을 먹어본 적이 드물건만 이곳에서 이렇게라도 먹으니 소소한 화이트 '데이'라 할 수 있겠다.

운동하러 갔다가 누군가 "어제 조선일보 기사를 봤냐"고 해서 봤다고 했지만 내가 놓친 기사가 있었다. 민노총원들이 서울시 교육청을 무단으로 점거했다는 기사였다. 출입구를 막고 직원들을 못 들어오게 하기도 했으며, 청사 내부에 대변을 보아서 불쾌감을 주고 그중 2명은 교육감실을 무단으로 점거했다고 한다. 더

웃긴 것은 그중 21명은 석방, 경찰에게 침을 뱉은 한 사람만 구속 영장이 청구되었으나 기각되었다고 한다. 야간에 불법으로 텐트를 치고 있었음에도. 과연 이것이 옳은가? 정말로 공정한 것인가? 나는, 그리고 우리 중 일부는 대변은커녕 침도 안 뱉고 건물 안으로 들어가지도 않았다. 점거 또한 하지 않았다. 우리가 구속되고 그 사람들이 석방되는 게 진정으로 옳고 공정한 짓이라 할 수 있는가. 이러한 불공평이 사람들에게 박탈감을 준다. 이런 일들이 계속됐기에 사법부에 대한 불신이 쌓여간다. 노조와 우리는 왜 달라야 하는가.

2025년 3월 21일,
구치소 58일 차

어느새 찬물로 씻어도 괜찮은 날씨가 되었다. 이제는 적응할 만도 하건만 여전히 쉽지 않았다. 날이 좋고, 종일 따뜻해졌기에 드디어 기꺼이 즐길 수 있게 되었다.

변호사님과 함께 차근차근 1심을 준비하고 있다. 오늘도 진술들과 검찰에서 제시한 근거들을 검토하며 하나하나 기존 태도를 견지하고 되돌아보며 언젠가 맞이하게 될 본격적인 심리를 준비한다. 나는 나의 증거가 있어서 내 의도를 입증하는 건

돌이킬 수 없는 그날의 약속

쉬우나 자료를 검토하기는 쉽지 않다. 이 많은 양의 자료를 검토하고 하나로 엮어 의견서까지 쓰시는 변호사님이 새삼 또 대단하게 보인다. 나야 뭐, 사실 말씀하시는 대로 따르고 내 이야기만 조금 하면 될 뿐이니까, 내 일의 비중이 얼마나 있겠는가. 옆에서 보기만 해도 어지러운 일을 나뿐만이 아닌 여러 명을 동시에 진행하시다니 새삼 존경스럽기까지 하다.

다만, 이야기를 나누다 보면 내 혐의를 입증하려는 검찰의 의도와 내 행동에 담긴 생각과 의미를 입증해야 하는 내 입장의 틈이 크기에 그 사이를 줄이는 과정에서 소요될 시간이 마치 영원처럼 느껴져 나의 해방은 요원하게 느껴진다. 숨이 턱 막히는 느낌을 수시로 느낀다. 버틸 수 있는 것은, 그런데도 나를 도와주시는 분들과 나를 믿어 주시는 분들이 이런 상황에서 산소 호흡기가 되어 구명의 밧줄을 내려 준다.

다음 주 수요일을 대비하여 내 핸드폰에서의 증거를 가지고 와서 월요일에 다시 변호사님과 만나 뵙기로 했다. 덕분에 주말에도 일하셔야 할 것 같다. 죄송스러울 따름이다. 이제는 이곳에서의 날들이 신명이 나고 그에 따라 몸부림을 친다. 가끔 되지도 않는 움직임을 춤이라 하여 이 방에서 장난식으로 움직여 댄다. 한 다리를 들거나 날라리를 보는 것 같이 신명이 나는 것을 주체 못 하여 그저 꿈틀거릴 뿐이다.

오후 6시 즈음만 되면 미친 듯이 웃음을 터뜨리게 되는데 참으려 해도 밖으로 비집고 나와 다만 킬킬대는 것을 연신 해댄다. 괴로울 때면, 더 이상 견디기 어려울 때면 내 몸에서 새어 나오는 근 며칠간의 습관이다. 더 많은 시간이 지나가게 되면 이 웃음도 그칠지 모르겠으나, 지금은 그치지 않는다. 버텨야 할 시간이 많이 남았는데…….

변호사님께서 해 주신 말 중에 가장 기억에 남는, 또 남을 말이 있다.

"선생님의 사례는 나중에 국가 폭력의 피해 사례가
될 수도 있을 것 같아요."

그만큼 내 사례가 특이하기도, 이상하기도 했다는 것이겠지. 왜 내가 국가 폭력에 당해야 하는가. 그만한 죄를 저질렀는가. 다시 웃음이 비집고 나온다. 걷잡을 수 없는 웃음이 터져 나오는 것을 막을 수가 없다. 그러면서도 나의 일을 꼭 세상에 알려야겠다는 것을 다시 다짐하였다. 낄낄낄.

2025년 4월 4일.
구치소 72일 차

대한민국은 민주공화국이다. 아

니다. 오늘부터 대한민국은 민주국이다. 절대다수의 횡포와 폭거를 용인하고 인정하며, 소수와의 공생을 인정하여 조화시키는, 공화라는 지고한 가치가 죽은 날이다. 탄핵의 결과는 받아들여야 한다. 그것이 국가 체제와 법치주의에 대한 존중이자 모두와의 약속일 것이다. 그러나 이미 입법부를 장악한 민주당이 이제는 행정부까지 장악할 처지에 와 있다. 그럼 사법부는 어떠한가? 전 정권에서 심어둔 특정 집단에 속한, 특정 성향이 있는 씨앗들이 훌륭하게 개화하지 않았는가. 이것이 과연 삼권 분립이라는 장치로 독재라는 국가 최악의 종양을 예방하고 있는 21세기의 모습이란 말인가. 삼권 분립, 아니 삼권 통일을 목전에 두고 있는 지금이야말로 국가의 위기 상황이 아닐까.

이러한 상황에 나는, 우리는 어떻게 해야 할지를 걱정하며 자리에서 일어나는데 눈앞이 캄캄하고 아찔하다. 빈혈기가 돌아 정신을 차릴 수가 없다. 합법적인 절차를 거쳐 대응하여야만 했다? 다른 대응 방법이 있었으니 그 방법을 쓸 수도 있지 않았냐고? 예를 들어보자. 많은 사람이 모인 광장에서 그중 일부가 나머지는 모르게 한 명의 손발을 마비시키고 있다. 그럼 그때에도 피해자가 정중히 다른 사람들에게 "제가 지금 팔이랑 다리가 불편해져 가는데 도와주실 수 있나요?"라고 조용히 말해야만 했다는 말인가? 소리를 지르고 굳어져 가는 팔다리를 휘둘러 내가 위험해져 가는 것을 적극적으로 알린 게 그리 큰 잘못이란 말인가? 무조건 계엄이 정당하다는 것이 아니라, 왜 팔다리를 마비시키는 이들에게는 아무런 제재가 가해지지 않느냐는 것이다. 모두가 알고 있음에도 불구하고.

 가장 큰 걱정은 이제 우리의 동력을 어디에 쏟아야 하는지에 대한 것이다. 상실감, 공허함, 무기력 오늘 우리에게 주어진 것은 이뿐이다. 지금까지 달려왔던 움직임이 그 힘의 근원을 잃었으니 어디로, 어떻게 나아가야 할지 막막하기만 하다. 가야 할 길이 보이지 않는다.

 그러나 우리는 가야 한다. 더 큰 어둠이 내려오기 전에 발을 다시 놀려야만 한다. 누군가는 나에게 그것이 무슨 어둠이냐고, 오히려 지금까지의 어둠을 밝힌 빛이 아니었냐고 말할 수 있다. 빛이라고 하는 이에게 묻고 싶다. 다른 색깔이 섞이지 않는 한 색깔의 빛이 과연 올바른 빛이라고 부를 수 있는지 말이다. 어둠이나 단색의 빛이나 사람의 눈을 멀게 한다는 점에서 과연 다르다고 할 수 있는가. 오히려 빛이라고 착각하게 한다는 점에서 더 위험한 게 아니냐고, 한 생을 빛으로 알고 그것만 바라보게 하는 것이 진정으로 옳다고 할 수 있었느냐 말이다. 그렇기에 우리는 발을 놀려야 한다. 다시 여러 색의 빛을 찾기 위해, 맹목이라는 시각 장애인의 눈을 갖지 않기 위해.

한숨이 계속해서 나온다. 여러 가지 생각으로 복잡해지고 있는 와중에 내 신경이 날카로워지기만 한 듯하여 방 안의 사람들과 대화를 최소한으로 해야겠다는 생각이 든다. 무사히 하루를 보내야 할 텐데 그럴 수만 있으면 좋겠다.

TV에서는 탄핵에 반대하는 사람들의 시위가 내일 예정되어 있다고 한다. 그들의 심정을 모르는 것은 아니다. 그들의 외침이 분노로 옮겨 가진 않을까 큰 걱정이 된다. 이재명 무죄, 윤석열 대통령님 탄핵이라는 최악의 결과에서 그들이 갖는 생각은 사법부에 대한 절대적인 불신으로 닿게 될 것이고, 그 불신이 분노로 옮겨 가는 것은 너무도 자명하다. 이 뭉쳐진 화약에 도화선이 생기는 것은 언제든 가능하다. 문제는 폭발이라는 현상이 어떠한 후폭풍을 가지고 올지 모르겠다는 것이다. 제발 분노의 불길이 자신까지 집어삼키지 않길 바랄 뿐이다.

오래간만에 잠이 오지 않는다. 내가 이렇게 나라를 걱정하는 마음이 많은 사람이었나. 분명 아니었다. 아니었는데 끊임없이 밀려오는 부정적인 생각이 머리를 지배해 어지럽기만 하다. 나는 왜 이곳에 있는가. 무엇을 위해 있단 말인가. 다시 내 믿음을 흔드는 미혹이 찾아왔지만 덮어 버리기로 했다. 흔들리는 것은 한 번이면 족하다. 뒤척이며 잠이 들었지만, 밤 12시가 넘은 시간에 이상한 사이렌 소리에 놀라 깼다. 불이 났다고 한다. 정말인지 아닌지 한참을 깨어 듣고 있었는데 작동 오류인 듯해 다시 잠을 청했다. 한 시간여의 사이렌 경보. 정말이지 내가 꿈을 꾸고 있는 것은 아닌가 하는 하루가 된다. 지금도 모르겠다. 이것이 지독한 악몽인지 아니면 생생한 삶의 일부인지. 민주주의여, 만세. 민주주의여, 만세…….

2025년 4월 5일.
구치소 73일 차

종일 비가 내린다. 창밖의 타닥타닥 빗소리와 함께 방 안에서는 개구리 아니 코골이 소리만 난다. 안과 밖의 하모니가 완성되어 가고 있는 지금, 가만히 앉아 생각에 잠긴다. 오늘 신문도 읽었다. 연일 나오는 뉴스 특보도 다 보았다. 그에 따라 차곡차곡 정리되어 가고 있는 내 생각을 하나씩 적어 본다.

계엄을 옹호할 순 없다. 그러나 이전에도 말했다시피 아무런 이유 없는 계엄이 아니었다. 그 배경에는 거대 야당의 불의가 있었다. 공화의 정신을 망각한 무도한 집단이 있었다는 것, 그리고 이번 사태를 통해 많은 사람이 그러한 진실을 알게 되었다는 것. 그것이 이번 사태로 얻은 가장 큰 이득일 것이다. '정'과 그

돌이킬 수 없는 그날의 약속

에 반하는 '반'이 제구실을 하지 못할 때 민주주의 사회는 극심한 혼란에 빠지게 된다. 민주당과 국민의힘 둘 중 뭐가 정이라고 말하지 않겠으나 절대다수라는 우위를 점한 한 집단이 폭주하게 되면 현행 체제에선 막기 어렵다는 한계점도 여실히 보여 준 것이다.

그럼 계엄을 일으킨 것은 잘못이 없느냐 하면 그것도 아니다. 다만, 여기서 크게 떠벌리지 않는 것은 계엄을 일으킨 잘못은 파면이라는 형태로 그 책임을 지게 되었으니 굳이 말하지 않는 것이다. 한쪽은 그나마 법적인 책임을 졌고, 나머지 한쪽은 아무런 책임도 지지 않게 되었으니 말이다. 결정문의 요지에서도 일방적인 책임이 아니라 하였으니 그만큼 문제도 있었던 것은 명백하나, 많은 이들은 결과만 보기에 거기에 따른 과정은 쉽게, 너무나 쉽게 망각할 것이요, 한쪽의 승리만으로 기억할 것이니까 말이다. 대중에게는 '계엄=절대악', 파면이라는 단순한 공식으로 기억될 것이다. 그 안에 담긴 내막을 파헤칠 이가 얼마나 있겠는가.

대통령님, 이제는 전 대통령님이 되어 버린 그분이 나라를 좋은 방향으로 이끌어 가고자 했다는 것은 믿어 의심치 않는다. 특정 집단만의 이득이 아닌 다수의 국민에게 이득이 되는 방향을 설정하고자 하였고 소기의 성공까지 거두었다. 그러나 너무 곧았다. 정치를 할 줄 몰랐다. 순진했기에 자신이 옳다고 생각한 바대로 하였고, 그에 부러졌다. 너무 곧았기에 부러졌다. 감히 나 따위가 평가를 한다는 것이 우습다. 그렇지만 나는 순수한 사람을 싫어하지 않는다.

당연히 그 과정에서 여러 가지 다른 문제들도 있었다. 잘한 것만 있었던 것은 아니다. 나는 국가적인 차원에서 실이 과보다는 크지 않았나 싶다. 물론 이것은 전적으로 내 기준과 내 생각이기에 다르게 생각한다고 하여도 어쩔 수 없는 노릇이다.

혼란의 122일, 새로운 체제와 국가를 위한 산통이 드디어 끝났다. 내가 원하지 아니하였던 결과가 났다 하더라도 이 일을 통해 분명 무언가 바뀌는 것은 있을 것이다. 개선 혹은 개악이겠지만, 나는 그 새로움이 개선에 가깝고 다수의 정치인이 아닌 국민에게 실익이 되는 방향이 되기만을 간절히 바란다. 그에 따라 나도 나의 권리를 최선을 다해 행사할 것이다.

이러한 생각들에 빠져 있던 내가 압력밥솥의 취사 소리와 같은 코골이 소리에 다시 3평 남짓한 방으로 돌아온다. 아직도 창밖에는 비가 내리고 날은 어두워져 간다. 내 일을, 그리고 내일을, 앞으로의 미래를 기약해야만 한다. 슬펐고, 안타까웠던 하루가 끝이 났다. 모두 안녕한 밤이 되길.

2025년 4월 6일.

구치소 74일 차

          온종일 내렸던 비가 어느새 그쳤다. 창밖으로 보이는 풀빛에 이질적인 색 하나가 섞여 있다. 듬성듬성 보이는 보랏빛 빛깔이 올라오는 풀빛에 생동감을 더해 주고 있다. 꽃이다. 풀꽃이 피어올랐다. 이런 것들이 보일 때마다 매몰된 시간을 일깨워 주어 지금 내가 있는 시간이 언제인지, 어느 계절에 와 있는지 알게 된다.

  이번 주말의 마지막 날인 오늘도 엊그제의 결과가 뉴스로 나오고 있다. 아직도 가슴이 따끔하다. 볼 때마다 따끔한 것이 종이에 베인 상처가 벌어지는 것 같은 느낌이 계속 이어지고 있다. 그중 대통령님이 오늘 오후에 낸 메시지가 뉴스에 나와서 한참을 집중해 본 것 같다. 미안함과 감사, 그리고 우리들의 행동에 대한 의의까지 담겨 있었다. 특히 청년들에게 중점적으로 메시지를 전달하고 계셨다. 언론에선 극우 세력 선동이라 했지만, 과연 저들이 극우 세력이라 할 수 있을지 모르겠다.

  탄핵 반대를 국민의 30% 이상이 말해 왔는데 그런 논리라면 국민의 30% 이상이 극우란 것이 아닌가. 우리에겐 너무나도 당연한 일인 자유 민주주의와 주권 수호를 위한 투쟁이었을 뿐이다. 대통령님이 말씀하신 대로. 그것을 개인의 이익과 영달, 그리고 타인 배제를 위한 극적인 행동으로 본다면 세상에 모든 순수한 투쟁마저 극에 달한 하나의 행위로 몰아갈 수 있을 것이다.

하루가 다시 또 저물어 간다. 앞으로 얼마나 저물고 저물어야 이 죄 많은 삶의 형기가 끝나는가. 언제쯤, 이 삶에서 해방되어 새 삶을 맞이할까. 오늘도 그날을 바라며 저묾을 바라본다.

2025년 4월 8일.
구치소 76일 차

변호사님께서 어제 약속대로 오늘 오후 3시 반에 오셨다. 첫 말씀은 금요일에 있었던 일의 위로였다. 나야 뭐 이곳에서 버티기만 하면 그만이다. 변호사님께서 받으신 충격이 적지 않았을 텐데도 첫 마디를 그렇게 시작해 주셔서 배려에 감사함을 금할 수가 없었다. 나도 변호사님들은 괜찮으시냐고 여쭈었다. 서로와 서로의 배려와 유대로 시작한 대화는 이번 재판의 내용과 부당성으로 이어지고, 이윽고 사회에 대한 성토와 환멸에까지 도달했다. 우리가 처해 있는 이 사회의 현실이 안타깝고 또 안타깝다. 이번 일을 계기로 보수의 가치를 지지하는 이들이 겪었을 좌절과 체념이 전해지는 이 현실이 너무 안타까워 나도 그만 속이 쓰렸다. 아직 끝나지 않았단 단순한 말로 그들을 어찌 위로할 수 있겠는가. 다만, 그들의 방향과

돌이킬 수 없는 그날의 약속

고뇌가 짧길 바라고, 다시 움직일 새로운 힘이 그들에게 부여되길 바랄뿐. 내가 뭐라도 되어서 이런 말을 하는 것이 아니라 나도 그러기에 같이 그랬으면 하는 소망의 발로라고 봐주었으면 좋을 듯하다.

변호사님께서 어제 아버지와 어머니가 서울에 올라오셨다고 하셨다. 공판에 참여하기 위해서 오셨는데 변호사 사무실에 계시다가 공판보다 면회를 오시는 게 더 낫다고 하셔서 공판에는 참여하지 않았다고 하셨다. 내가 생각해도 그렇다. 올라오신 마음이야 감사하고 갚을 길 없는 일이지만, 3시간가량 되는 긴 시간을 그 자리에 계시게 할 수는 없는 노릇이다.

생일에는 못 봤지만, 그즈음이라도 보고 싶어서 올라오셨던 것 같아 부모님 생각을 종일 할 수밖에 없었다. 변호사님은 부모님께 이렇게 말씀해 주셨다고 한다.

"아드님은 아무 잘못을 하지 않았어요."

갚을 수 없는 은혜가 하나 더 늘었다. 다음에는 목요일에 오신다는데 목요일을 기다려야겠다. 오늘도 많은 고생을 하신 변호사님께 심심한 감사를 드린다.

폭풍 같은 시간이 지나간다. 풍랑의 시간을 지나고 잠잠해졌을 때, 그때의 나는 뭐 하고 있을지, 어떤 생각을 하고 있을지 갈수록 모르겠다. 미래가 이리 선명하게 그려지지 않았던 적이 있을까. 격동의 시대를 맞이한 나는 어떻게 될 것인가. 깊은 의문을 남긴 채 잠자리에 든다. 오늘도 끝나가는 하루를 붙잡으며 미망에 빠진다. 잘 가라, 오늘이여.

2025년 4월 11일.
구치소 79일 차

목요일에 오실 것 같다고 말씀하셨던 변호사님께서 오늘 오셨다. 오시는 것만으로도 감사할 따름이다. 이 사건과 관련해 맡은 일이 원체 많기에 오신다는 것 자체가 얼마나 힘드실지 가늠도 되지 않는다. 오셔서는 사건 관련 동영상을 보여 주셨다. 그에 따라 나도 내가 제출한 영상 관련해서 이야기를 나누었다. 이로 인해 몇 가지 알게 된 것이 있었는데 첫째로는 내 기억이 정확하지 않았다는 것이다. 나는 통로에 사람들이 되게 적은 줄 알았는데 그게 아니라 열 명은 넘는다고 말씀해 주셨다. 대체 내가 기억하는 것이 전체의 어느 부분만 기억하는지 몰라서 기억이란 것의 불확실성을 다시금 확인하였다. 분명 기억력엔 자신 있는 나지만 이런 것들 때문에 동영상을 다시 봐야겠다는 생각이 든다. 다음번엔 가지고 와 주신다니 같이 보면서 말씀을 드려야겠다. 둘째는 불구속으로 기소된 사람들도 이제는 꽤 있는 것 같았다. 건물에 들어갔던 사람들도 경찰이 나가라 해서 나간 후에야 수사를 받았는데 불구속으로 재판을 받는 모양이었다. 아무래도 처음 구속된 62명은 시류에 휘말려 과한 처벌을 받았나 보다. 내가 대체 왜, 대체 왜 여기서 이래야 하는가. 건물에도 들어가지 않은 내가, 항의하러 들어가지 않은 내가 대체 왜 여기 있어야 하는가. 무엇이, 어느 것이 공평한가.

불구속 기소가 된 이들 때문에 억울하단 것이 아니다. 애초에 억울한 이들이 감정적인 처분에 휘말려 지지부진한 상황에 놓여 피해를 보고 있다. 변호사님이 말씀해 주셨다.

"선생님, 저희가 이렇게까지 열심히 하는 것은
억울하게 구속된 사람들이 부실하게 기소까지 당해서
피해받고 있기에 이렇게 하는 거예요."

내 생각이 짧았다. 단지, 이념의 문제가 아니었고, 이것은 인간의 선의에 대한 문제였다. 억울한 이들에 대한 측은지심, 그것이 본질이었다. 그 말을 듣고 오늘 하루 내내 머리가 멍했던 것 같다. 인간으로서의 정, 인류애라는 것이 주는 따뜻한 안정이 오늘도 더해졌다. 마지막으로, 변호사님은 더욱 바빠지신 것 같았다. 서면으로 의견서를 처리하실 일이 더 많아지셨다며 이제는 한 주에 한 번밖에 못 오실 것 같다며 미안해하셨다. 전혀 미안해하실 일이 아닌데, 오히려 지금까지만으로도 분에 넘치도록 감사했던 일들뿐이었다. 이곳에 있는 누구보다도 더 많은 접견을 했고, 매일매일을 새롭게 버텨낼 수 있을 만큼 많은 위안을 받았다. 지금까지도 많은 감사할 일들을 만들어 주셨고, 앞으로도 잘 부탁드린다. 변호사님도 나도 좋은 결과가 있길.

　방으로 돌아왔을 때 오늘 접견에서 생긴 좋은 일이 무색하게도 몸이 아파 왔다. 목도 아프고 발열에, 배탈에 감기 전조 증상까지 고루고루 나타나기 시작했다. 이번 감기는 유독 심해 많이 아팠다. 어찌어찌할 도리가 없어 그저 옷을 많이 껴입고 모포와 이불을 꼭 끌어안을 수밖에 없었다. 자기 직전까지도 이불조차 펼 수 없어서 힘들었으나 이불을 깔고 나니 그나마 버티기가 나아진다. 이곳에서의 첫 감기, 아픈데 의지할 곳도 먹을 약도 없어서 서럽다. 방 안의 사람들은 걱정해 주지만 그 이상 해 줄 수 있는 게 없고, 오롯이 혼자서 견뎌 내야 한다. 고통과 인내의 시간이 이어진다. 오늘 밤이 그러하다. 어떻게든 내일까지 나아야 할 텐데 부디 낫기만을 바라며 오늘을 마무리한다.

2025년 4월 14일.
구치소 82일 차

　　어제 내렸던 4월의 눈이 117년 만의 눈이란 걸 신문을 보고 나서야 알게 되었다. 관측 사상 처음이라는데 그만큼 희귀하고 흔하지 않은 풍경을 내 삶에서 보게 되었으니 그 또한 이 삶에서 축복이라 할 수 있겠다. 지금은 눈이 아닌 비가 내리고 있어 아쉽게 운동은 나가지 못했다. 신문만 가만히 앉아 보던 중 갑자기 '접견 나오라'는 말에 의문을 갖고 접견 준비를 마친다. 생각하다 보니 월요일, 그리고 재판 전에 나를 찾아올 사람은 부모님밖에 없기에 부모님이라 생각하여 덤덤한 마음으로 나갔다. 덤덤하지 아니한다면 많은 감정적 동요가 있기에 마음을 다소 차분하게 할 필요가 있다. 부모님 두 분이 모두 재판에 오시기보다는 접견을 하려고 현장에서 간신히 빈자리를 찾아 접견에 성공하셨다는 것이다.

　　공범은 같은 시간대에 접견 예약이 되지 않아서 예약은 당최 어려운 일인지라 당일 현장에서 잡히는(취소되거나 비어 있는 자리를 노리는) 자리가 그나마 가능성이 있다. 교도관님들이 말하길 지금까지 공범은 많아 봐야 10~20명이었으나 90명 이상이 공범이 된 것은 처음이라고 한다. 그에 교도관님들도 적잖이 힘이 드는 것 같기도 하다. 대체 누구를 위한 구속인가. 어머니는 여기에 온 지 2일 차에 뵙고 82일 차인 오늘에서야 다시 뵙게 되었다. 즉, 80일 만이다.

아직 금요일 자로 보낸 편지가 도착하지 않아서 소통이 안 된 부분도 있었으나 크게 할 말은 얼추 끝낸 것 같다. 친척분들에게 영치금은 안 주셔도 된다고 전달 드렸다. 이곳에 있는 것이 부끄럽지는 않지만, 그렇다고 자랑할 만한 일도 아니기에 아버지께 말씀드릴 수밖에 없었다. 앞으로는 오시지 말라는 말씀도 다시 한번 드렸다. 이곳 생활도 적응이 되었고, 영치금도 생활할 만큼 있어서 크게 걱정하실 필요는 없다. 오시는 수고에 비하면 매우 적은 성취만 얻으시니까 굳이 오실 필요는 없는 것이다. 어머니가 눈물을 보이셔서 굳이 그렇게까지 내 불효를 더 하고 싶지 않았다. 가끔 편지하고 연락을 주고받는 것, 그거면 나는 족할 뿐이다. 부모님의 마음은 알겠으나 이것이 최선이라고 생각한다.

흐린 날씨에 버스를 탄 채 창밖을 바라본다. 여의도를 지나며 보이는 벚꽃은 지난주보다 훨씬 많이 피었다. 그만큼 지기도 했다. 그렇지만 세상이라는 커다란 화폭에 분홍색 물감이 크게 한 획을 그어 놔 아직은 색감의 존재감을 확실히 드러내고 있다. 여의도에 거대한 분홍의 띠가 둘려 쳐져 있었다. 작게나마 그 분홍의 띠를 뚫고 들어갔으니 그것만으로도 충분히 봄을 느낀다.

오늘 재판은 앞선 내용과 같이 동영상 증거의 원본성과 무결성을 따져 보는 것의 연장 선상이다. 재판 내용은 완벽히 우리에게 유리한 내용이었다고 생각하는데, 그 이유는 2개의 영상에 대해서 하나는 그저 구글 확장프로그램으로 내려받은 원본성이 저해된 동영상이고, 하나는 유튜브로 로그인해 원본을 내려받은 영상이지만 컴퓨터로 옮기기 위해 용량을 줄인 동영상이라고 한다. 그런데 둘 다 어떤 압수 수색 영장이나 임의 제출 동의를 받지 않은 절차적 흠결이 있는 것임을 변호사님들이 신문을 통해 밝혀낸 것이다. 심지어 재판이 끝나고 돌아가는 길에 교도관들끼리도 "엉터리네"라는 말로 시작해서 여러 이야기를 나눌 정도니 오늘 재판에서 따져 본 증거가 얼마나 문제가 있었는지 알 수 있었다.

그와는 별개로 피고인들의 절망감은 더욱 깊어지는 것 같았다. 더는 견디기 어려웠던 한 분이 공소 사실과 증거를 모두 인정한다고 한 것이다.

"저는 죄인이지만, 다른 분들이 어떤 악의를 갖고 행동을 하신 것은 아니라고 생각합니다. 개인의 이득을 위한 행동이 아니었으니 선처하여 주시기를 바라겠습니다."

그분은 결국 눈물까지 어리었다. 이번 재판에서는 5월 추가 기일이 6번이나 지정됐는데 각자 9, 12, 14, 19, 26, 28의 6일이 지정된 것도 그분에게 큰 상심을 가져다주었을 것이다. 우리 모두에게도 마찬가지. 추가 기일이 지정되자 여기저기에서 탄식이 쏟아져 나왔다. 그분을 필두로 많은 이들이 풀어달라고 호소하고 선처를 구했다. 내가 생각할 때는 안타깝게도 그것은 오로지 판사라는 이름의 신이 결정할 일인지라 인간의 상심이, 기도가 신에게 닿기는 어려워 보였다. 그래서 그런지 그 상심이 적지 않은 이들을 모두 증거를 인정하는 쪽으로 보내지 않을까 싶기도 한데 과연 끝까지 갈 이들이 몇이나 있을지 모르겠다. 나는 내가 옳지 못하다고 생각하는 것은 하지 못하기에, 할 수가 없기에 의연히 버텨내려고 한다. 흔들리지 않고 굳건히 나의 옳음을 관철해야 할 것이다. 너무 많은 이들이 이 상심으로 어려워지지 않기만을 바란다. 5월에도 못 나간다는 좌절감이 그들을 해치지 않기를.

차를 타고 다시 구치소로 돌아가는 길에는 많은 분이 모여 응원하고 있었다. 이번이 처음이 아니나 이토록 많은 이는 또 처음이었다. 20명 안팎의 사람들은 차 안의 우리가 보이지 않을 텐데도 계속해서 목소리를 내고 있었고, 그 목소리는 확실히 우리에게 닿을 수 있었다. "힘내라"는 말은 많은 사람에게 힘이 되

돌이킬 수 없는 그날의 약속

어 주는 것이 확실했다. 버스 안의 사람들에게 큰 영향을 미치는 것이 나에게도 보일 정도였으니 말이다. 나는 누차 말하고 말하지만, 그들이 응원하는 이들이라고 하기에는 민망하여 내 몫의 응원 또한 다른 이들에게 더해지길 바라는 사람이다. 누군가가 응원하는 소리만으로도 나는 마음이 한결 안정되는 것을 느끼게 된다. 그저 감사할 따름이다.

창밖에는 유 변호사님도 계셨는데 응원하시는 분들과 조금의 거리를 두고 눈물을 훔치고 계셨다. 그분에게도 이런 모습이 큰 울림을 주지 않았을까.

이 일이 장기화하면서 피해는 더 늘어간다. 잃은 게 너무 많이 늘고 있지만, 이제는 잃은 것보다야 얻은 것이 더 많아지지 않나 싶기도 하다. 물론 이 리스크가 밖에 나가서 매우 크게 작용할 것이고, 그때의 나에게도 큰 상처이자 좌절로 남을 수도 있다. 그러나 지금의 내가, 나라는 사람으로서의 성숙의 시기에 놓인 내가 치열하게 내면을 바라보게 되는 기회는 흔치 않을 것이다. 앞으로의 나는 현실의 벽과 좌절에 놓일 때 지금에서 얻은 것을 떠올리며 덜 아파하고자 한다. 그러면서 지금의 생각을 진통제 삼아 극복해 나가고 싶다. 안 아플 수는 없지 않은가? 그러니 덜 아파할 수밖에.

2025년 5월 7일.

구치소 105일 차

　　　　　　　　　분통이 터진다. 울분에 휩싸인다. 사법부가 민주당에 굴복했다. 입법부에 사법부가 굴복한 것이나 다름없다. 이 나라에 대체 공정과 상식은 어디로 갔는가. 15일에 예정되어 있던 재판은 내달 18일로 밀리게 되었고, 방탄 입법인 형소법 개정과 대통령 당선 후 재판 중지법은 법사위를 통과했다. 대통령이란 자리가 모두를 위한 하나가 아닌, 하나를 위한 모두가 되어 버렸다. 탄식만 나온다. 실질적인 입법부 지배자가 자신을 위해 사법부의 불신을 키우고 존중 없이 무릎 꿇리는 꼴을 보니 울화가 치민다. 이게 무슨 나라냔 말이다. 그저 다수를 위시한 1인 독재 국가일 뿐이다.

　　그 와중에 국민의힘은 내홍으로 고역을 치르고 있다. 지금의 엄중한 시기도 못 읽는 건가. 컨벤션 효과라고 하기엔 지나치게 안일하고 우스운 행동이 아닌가. 한 달도 남지 않았는데 생의 의지를 접고 죽음을 수용하는 노회한 자살자만 같다. 사법부의 판결로 정의가 실천될 것이라는 안일한 생각을 아직도 못 버렸다면 괴멸도 감내하라. 국민의힘이여, 나도 그 장례식에는 참여하겠다.

　　오전에 변호사님과의 접견에서 기묘한 이야기를 들었다. 4월

30일에 오후 재판이 있었다고 한다. 오전 재판만 있는 줄 알았는데 오후에 4명이 재판을 받고 구형까지 받았다고 한다. 건조물 침입은 그 와중에 1년의 구형을 받았고, 그에 따른 선고는 5월 16일에 나온다는 게 확정됐다고 하셨다. 다음 주 수요일이면 그 사람들은 긴 고초를 끝내고 다시 집으로 돌아갈 수 있을 것 같다. 그러니 나도 경찰 진술서를 제외한 모든 증거를 인정하는 것이 어떻겠냐 하셨고, 나도 그렇게 하기로 했다. 이제는 조금 지쳤다. 판사님에게 말씀드려 경찰을 증인으로 불러 진실을 밝힌 다음에야 나의 재판은 진행될 것이다. 판단은 판사라는 이름의 신이 할 것이니 앞으로의 결과를 바라볼 수밖에.

나에게 주어지는 꼬리표가 어떤 색깔일진 모르겠다. 일단은 받아봐야만 안다. 그렇지만 재판을 진행할 때 내가 하지 않은 것을 인정하지는 않을 것이다. 빨리 나가기 위해 죄를 뒤집어쓴다는 것은 자신에게 비겁한 일이자 정의롭지 못한 일이다. 앞으로 한 달 정도면 나가리라 생각하니 미뤄두었던 바깥의 것들이 가시권에 들어온다.

지금까지 버티기 위해 외면해 왔던 것들을 직시할 때가 되었다. 솔직히 착잡하고 우울하다. 필사적으로 외면해 왔던 것들을 다시 마주 본다는 것은 많은 용기가 필요하다. 머릿속이 복잡하고 여러 가지 오만 잡생각이 다 든다. 나는 '진짜 나가고 싶은 게 맞나' 라는 의문이 들기도 하지만, 분명히 해야 할 것들은 많고 해내야만 한다. 마주 봐야만 한다. 이제는 천천히 바깥을, 본연의 '나'를 다시 그려내야 할 때인 것 같다. 준비해라, 돌아갈 준비를.

2025년 5월 8일.
구치소 106일 차

나는 아무래도 죄를 짓고 돌아가는 게 두려운 것 같다. 꿈에서조차 나에게 찍힌 낙인에 대해 사람들이 수군거리는 것을 굉장히 괴로워했다. 내 본래의 직업이 아무래도 치우치면 안 되는 직업인지라 이렇게 기울어진 모습을 보이며 돌아간다는 것이 두렵다. 나는 내 개인에 있어서는 하나도 부끄럽지 않다. 떳떳하다. 그러나 그것이 아프지 않다는 말은 아니다. 나 또한 아프고 쓰리다. 다만, 떳떳하기에 그것을 진통제 삼아 견뎌낼 수 있다는 것이다. 사회로 돌아간다고 생각하니 꿈에서도 괴로움을 느꼈지만, 이것은 앞으로 내가 부딪혀야 할 현실이 될 것이다.

지금은 처음 생각했던 것과는 너무 달라졌고 멀리 와 버렸다. 그런데도 내가 원하는 것은 처음과 다르지 않다. 세상이 노력의 대가를 보상해 줄 수 있을 만한 사회이길, 위선과 거짓

돌이킬 수 없는 그날의 약속

으로 점철된 것이 아니라 그나마 평등과 공정이 펼쳐질 사회
이길, 이것을 바라는 마음에는 일말의 변화도 없다. 그렇지만
가면 갈수록 이 사회에서는 이런 것들이 보기 어려워지고 있
다. 그리고 점점 가속화시키고 있다. 지금의 상황만 보아도 대
의를 위한 이들은 없다. 민주당은 1인을 위한 독재 국가로, 국
민의힘은 자신들의 입지만을 생각하여 서로의 이권 다툼만을
일삼고 있다. 단일화는 오늘도 무산됐다. 나는 무엇을 위해 그
시위에 나간 것인가. 그렇게 외치던 목소리는 누구에게 닿고,
또 무슨 의미를 낳았는가. 없다. 공허할 뿐이다. 세상은 여전
히 바뀌지 않았다. 아직 끝나지 않았다고 나 자신을 위로하기
에는 현시점의 상황이 암울하다. 더없이 어둡고 더없이 갑갑
하다.

　무엇을 등불로 삼아야 할지 고민이 된다. 답을 찾을 수는 있
는 것일까? 모르겠다. 전혀 모르겠다. 복잡한 심경을 감추고 정
신을 돌리기 위해 책을 집어 들었다. 잠시 도피할 수밖에. 얼
른 이 상황에서 미약한 빛이라도 나타나 그 빛을 믿고 따라가
며 세상을 밝힐 때까지 응원하고 키워내고 싶다. 나 같은 미약
한 개인이 하나씩 모여 조금은 커진다면, 많은 이들이 응원하
고 지지한다면, 그 빛은 무럭무럭 자라날 것이다. 하지만 씨가
없이 작물이 자라진 못하듯이 구심점이 될 누군가가 필요하다.

언제 나타날진 모르지만, 그날이 너무 멀지 않길 바라며 기다릴 것이다. 그전에 오늘, 그리고 당분간은 책에 도피해 있어야겠다. 지금은 직면한다는 것이 버거우니까 잠깐은 쉬고 싶다. 다시 올 그날까지.

2025년 5월 13일,
구치소 111일 차

저 멀리 보이는 동산에는 마지막까지 쓸쓸히 앙상한 모습을 보이던 나무가 드디어 보라색 꽃을 피워내기 시작한다. 나뭇잎이 없는 채로 꽃부터 먼저 핀 것을 보니 꽃이 다 져야만 잎이 나지 않을까 싶다. 문득 그 나무가 무슨 나무인지 궁금해지는 하루의 시작이다.

오전 10시 뉴스를 보는데 화면 밑에 자그마한 글씨로 나타난 뉴스 하나가 심사를 뒤틀리게 했다.

대진연 4명, 구속 영장 기각

며칠 전 신문에서 보았는데 대진연 일부 구성원 4명이 "조희대, 사퇴하라"라는 말과 함께 피켓을 들었는지 안 들었는지 모르겠지만 대법원을 침입했고 체포되었다고 한다. 그에 신청한 구

돌이킬 수 없는 그날의 약속

속 영장이 오늘 기각된 것 같았다. 무엇이 정의로운가. 무엇이 공평한가. 나는 항의하러 간 것도 아닌데 건물부지 내로 들어가기만 했다는 점을 앞세워 그곳에 있는 여러 사람과 묶여 '특수건조물 침입죄'를 적용하여 지금 4개월째 구속되어 있는 중이다.

그런데 그들은 분명 항의의 목적이 있었고, 주거 안정의 평온을 깨뜨리려는 의도가 확실한데도, 게다가 같은 집단의 4명이 단체로 위력을 보인 것이 명확함에도 구속 영장이 기각되었다. 심지어 대법원에서 그랬는데도 말이다. 나와 그들 중에 누가 더 죗값이 큰가? 누가 더 잘못하지 않았는가? 누가 더 법치주의를 무시하고 무너뜨리려 했냔 말이다. 너무 화가 난 나머지 먹고 있던 과자를 흩뿌렸다. 조소가 나온다. 명백한 비웃음, 너는 왜 보수를 지지하느냐? 진보를, 민주당을 지지했으면 이딴 일이 있었겠느냐. 너의 자유주의를 옳다고 여기며 지켜내야 한다는 멍청하고 그릇된 생각이 모두에게 피해를 준 채로 이딴 곳에 처박혀 있지 않은가. 킬킬킬…… 너는 천하에 둘째가라면 서러운 병신일 뿐이다.

오늘만큼 박탈감이 들었던 적도 드물었던 것 같다. 분노나 증오, 슬픔, 비애, 괴로움의 감정은 이곳에 오고 나서 자주 들었지만, 확실한 박탈감이 들었던 것은 오늘이 처음이었다. 세상이 공정하지 못하단 사실이 나를 오전 내내 배신감과 괴로움에 휩싸

이게 했다. 그 여파는 저녁 먹을 때까지 가서 하루에, 일상에 집중할 수가 없었다. 많은 시간을 우울함에 빠져 보냈다. 그나마 괜찮았던 것은 오늘 오목판이 생겨서 장기와 오목으로 마음을 달랬다는 것이다. 사실은 달랬다기보다는 도피했다고 보는 것이 맞을 것이다.

2025년 5월 20일,
구치소 118일 차

나가는 게 더 멀어진 지금, 사흘째 되는 날 가장 그리웠던 것들이 다시 또 꿈에서 그려진다. 나의 소소한 주말 일상, 맛집을 다니고, 유명한 명소를 찾아다니던 나의 모습이 꿈에서 행복하게 재생되었다. 즐거웠기에 기상 후 괴리감은 내가 감당해야 할 몫이다.

계속해서 파스를 붙여 놓은 곳이 지금 보니 화상을 입은 듯하다. 붉게 짓물러 버린 살이 간지럽기도, 따갑기도 해서 당분간은 파스를 붙이지 못할 듯싶다. 이제는 앉아 있는 게 안 될 것 같아서 웬만하면 가능할 때마다 누워 있으려고 한다. 일과 내에는 앉아 있어야 해서 지금까지는 계속 지켜 왔으나, 망가진 몸은 그것을 쉬이 허락하지 않는다.

앉아 있는 것은 어렵지만, 걷는 것은 아프지 않고 외려 무겁

게 쌓이는 마음의 독을 환기할 수 있으니 반드시 나가야 한다. 버리고 빼내야만 이 삶을 유지해 낼 수 있게 된다. 어제 오후 재판을 다녀온 공범 형이 재판 이야기를 해 줬는데 어제가 가장 큰 혼란이 있었던 날이었나 보다. 먼저 증인은 6명을 신청했지만, 3명밖에 하지 못했다고 한다. 질문이 워낙 많기도 했었고, 변호사님과 젊은 경관의 다툼으로 도저히 재판을 진행할 수 없었다고 한다. 이에 판사님은 나머지 증인 3명도 어제 재판에서 신문하려 했으나, 변호사님이 피고인들의 식사 문제를 언급하며 인권 탄압이니 퇴정하겠다고 해서 오후 7시 즈음 재판이 끝났다고 한다. 대신 판사님은 6월부터 월, 화, 수, 재판으로 화요일 하루를 추가 기일 지정한다고 했다. 일주일에 두 번도 어려운 일인데 어떻게 연속 3일을 재판한단 말인가. 숨 막히는 대치 상황에 듣고 있는 나마저도 혀를 내둘렀다. 앞으로 그 재판이 어떻게 흘러갈지 모르겠다는 생각만이 머릿속에 남았다.

이렇게 강하게 나간다면 누군가는 부러질 텐데 이러다 모두 부서질까 봐 걱정이 든다. 죄를 지으면 당연히 죗값을 치러야 하지만, 치르는 과정에서 가시밭길까지 걷는 것은 과하지 않을까. 물론 투쟁을 통해 얻어내야 하는 것도 있다. 거기까지 도달하는 과정이 너무 힘들 것 같아 이렇게 글을 쓴다.

나와 그들은 일면식도 없었고, 말도 제대로 섞어 본 적은 더

더구나 없다. 나와 같은 처지에 있다는 것 하나가, 절차상에서 이례적인 대우를 받는다는 그 하나가 아무래도 모두를 응원하게 만드는 것이다. 유례없는 100명에 가까운 공범 구속, 전원 보석 기각, 검사의 부실 기소, 끝이 보이지 않는 재판까지 이 모든 것들이 그들과의 동질감을 형성케 한다. 그래, 이것은 절차상의 억울함 때문인 것이다. 아 참, 재판에서 누군가가 대진연 이야기를 꺼냈었다고 한다. 듣기로는 판사님은 크게 반응이 없었다고 하긴 하지만, 내가 직접 보지 않은 것이니 이건 내가 어떻게 판단할 수는 없을 듯하다. 공범 형은 재판 도중 모두 증거를 동의하는 쪽으로 옮기기로 했다고 한다. 아무래도 너무 힘들었을 것이다.

운동 시간을 마치고 들어와서 신문을 본다. 요새 신문은 한창인 조기 대선 기사만 나와서 다른 건 읽을 게 거의 없다. 읽을거리가 가장 많은 화요일임에도 여느 때보다도 적게 느껴졌다.

하루를 마무리하던 중 씁쓸한 뉴스 기사가 화면을 가득 채웠다. 이진우 전 수방사령관님이 처음으로 법원에서 계엄 관련 상황을 진술했다는 것이었는데 "문을 부수고라도 들어가서 끌어내라"는 지시가 있었다고 한다. '국회의원'이라는 말이 나오지 않았지만, 정황상 그 대상은 국회의원이 맞지 않았을까. 경고성 계엄이었다는 주장이 무너지기 시작했다. 나는 경고성 계엄이라는 관점을 굳게 믿고 있던 사람으로서 그에 대한 실망을 감출

수 없었다.

그러나 그분께서는 탄핵 심판과 형사 재판을 받으며 행동에 대한 책임을 지셨으니 내가 거기에 굳이 말을 더할 필요는 없는 듯하다. 아직 남아 있는 무도한 집단이 아무 책임을 지지 않고 지금도 입법을 통해 횡포를 일삼고 있으니 그것이 더 큰 문제가 아니겠는가. 승자가 되어 지금까지의 잘못은 지워 버린 채 여전히 계속해서 그 위세를 떨치고 있다. 나는 그것이 더 큰 불의라고 생각한다. 기존의 생각을 다시 한번 정리하고 현 상황에 대한 나의 견해와 가치관을 공고히 한다. 자유와 평등 그리고 공정이 살아 숨 쉬는 대한민국이 언젠가는 오리라 믿고 지금의 내가 할 수 있는 바를 해내자. 허무주의에 빠지기엔 아직 세상은 여전하고 나는 한 게 아무것도 없다. 단, 언제나 내가 옳다는 생각은 버리고, 나의 이 주관이 아집으로 가는 것을 경계해야 할 것이다. 힘내자.

2025년 5월 24일.
구치소 122일 차

강렬한 목 통증과 함께 하루를 시작한다. 방에서 다시 감기가 돌더니 또 나에게 옮아왔나 보다. 여러 번 말했듯이 이곳에서는 짊어져야 하는 일이라 어쩔 수 없지만, 몸이 아프면 괜스레 짜증이 난다. 바깥도 짜증이 나는 건 같겠지만 사람을 꼭꼭 억누르는 이곳의 특성상 조금만 안 좋아져도 터져 버릴 것 같은 충동에 휩싸이게 된다. 오래 있을수록 점점 임계점에 가까워진다. 쉽지 않다. 오늘은 사람들에게 화를 내는 것을 경계해야 한다. 차라리 잠드는 것이 나을 것 같아 약을 먹고 오전 내내 잠을 잤다. 자고, 점심쯤에 일어나 다시 밥 먹고, 자고 하다 보니 어느새 오후 1시가 되어 있다. 시간을 죽이는 데에는 잠만 한 것이 또 없지 싶다. 오후 1시가 되어서야 본격적으로 하루를 시작한다. 얼마나 게으른 하루인가. TV에서는 집을 구해 주는 프로그램이 한창 나오고 있다. 이 프로그램을 보면 방영 초기의 기억이 떠오른다. 그때는 내가 본가에 있었을 때였는데 엄마랑 같이 누워 집에 대한 이모저모 말을 하곤 했었다. 그 프로그램이 좋았던 것이 아닌 엄마와의 그 시간이 좋았던 것이지만, 여기서 이 방송을 보고 있노라면 그때 엄마랑 함께 도란도란 말하던 때가 떠올라 아련함에 젖어 들고 마는 것이다. 엄마 아니 어머니, 그때가 너무 그립습니다. 조금만 기다려 주시면 예전처럼 돌아가 볼게요. 건강히만 있어 주세요.

그때의 향수로 시작한 하루는 또다시 쳇바퀴를 돌려대고 있다. 신문을 보고, 밥을 먹고, 적당히 누워 TV를 본다. 여느 때와 같은 주말을 보내고 있지만, 소소히 기쁜 일도 생긴다. 예를 들어 지난번 운동하면서 본 노란 꽃의 이름이 금계국이라는 것을

TV를 통해서 알게 됐다든가, 가장 최근에 들어 온 사람에게서 내가 미처 보지 못한 만화의 뒷부분 내용을 전해 듣는다거나, 잠자기 전 삼삼오오 모여 웹툰이나 만화 얘기를 나누며 바깥에 대한 향수를 달랜다든가 하는 것들이 일상에서 생기는 즐거움이다. 이야기가 너무 길어져 잠에 늦게 든 것 빼고는 이 정도면 나쁘지 않은 편이다. 오늘은 나의 정신에 부침이 생길 만큼의 일도 없었으니까. 그래, 그리 나쁘지 않은 날이다. 얼마나 이렇게 나쁘지 않은 날들과 말 못 할 정도로 나 자신이 요동치는 날들이 모여야 이 형벌이 끝날까. 구하지 못하는 답을 찾으러 다시 찾아 떠나며, 오늘치의 여정은 여기서 마친다.

2025년 5월 29일.
구치소 127일 차

이제는 감기 기운도, 약 기운도 거의 떨어졌다. 몸이 어느 정도 회복되었고, 일상을 보내는 데에는 큰 지장이 없다. 다시 하루를 제대로 시작할 때다. 아침만 해도 이렇게 생각하던 나였지만, 오늘이 그리 호락호락한 날은 아니었다. 몸이 회복되고 나니 정신이 무너질 뻔하였는데 이제부터 그 이야기를 여기에 적어 보려 한다. 이런 말을 덧붙이며 기록할 만한 내용은 아니지만, 좀 다르게 적고 싶어서 이렇게 쓴다.

매일 똑같으면 재미없지 않은가.

먼저 〈동아일보〉에 서부지법 관련 기사가 나왔다. 지금까지 8명에게 1심 선고가 되었는데, 3명이 집행 유예, 5명이 실형이었다고 한다. 그중 서부지법 안으로 들어간 4명의 경우는 모두 실형이었고, 법조계에서는 법원이 법치주의 훼손에 대한 엄벌을 내렸다는 평가가 있었다. 순간, 더 견디기 어려운 상황이 나에게도 나올 것 같아 어지럼증이 핑 돌았다. 머리 뒷골 부분이 맹렬히 땅겨오기 시작했다. 나도 실형이 나오는 걸까. 머리가 아프고 우울감이 전신을 지배한다. 성역을 침범한 이들에게는 정의의 철퇴가 가차 없이 떨어져 내린다.

그리고 나가기만을 간절히 바랐던 나의 가장 오래된 동거인이 오늘 선고를 받고 돌아왔다. 또 한 번 이곳의 담벼락이 너무나 높아 보인다. 나간다는 것은 이토록 신성하고 엄숙한 일인가 보다. 나의 퇴소도 그에 따라 한 걸음 더 멀어진 것으로 보이고, '올해에는 나갈 수 있을까'라는 생각까지 든다. 차라리 형을 받더라도 항소를 포기하고 가석방을 노린다면 훨씬 더 빨리 나갈 수 있을 것이다. 과연 그게 맞나. 나의 잠깐의 안위를 위해 모든 일생의 오욕을 감내하란 말인가. 도저히 모르겠다. 나가고 싶은 마음이 점점 커진다. 나를 계속하여 달래도 눈 앞에 펼쳐진 절망에 쉽사리 나 자신을 온존하기 어렵다. 얼마나 더 많은 절망이 앞에 펼쳐져야 이 고통은 끝나게 되려나.

여름이 스멀스멀 다가온다. 햇볕마저 따가워 견디기 어려운 고통의 계절이 찾아온다. 여름이 올 것을 한 달 만에 바뀐 관복으로도 알 수 있다. 춘추복에서 하복으로 한 달 만에 바뀐 옷에 수번표와 거실표를 붙이며 여름을 받아들이기로 한다. 다시 또 하는 다짐, 받아들이자.

이 삶을 받아들여야 한다, 이 삶을.

절망으로 점철된 당분간의 이 여름이, 성숙한 하늘이, 모든 것을 포용하는 가을이 될 때까지 나는 또 기다려야 한다.

2025년 5월 31일,
구치소 129일 차

5월의 마지막 날, 나는 이날을 몸부림치며 보내야 했다. 어제의 몸살 증세가 더욱더 심해져 새벽부터 잠들 수 없었고, 그 여파는 종일이었다. 통증뿐 아니라 회복되지 않는 피로는 몸의 불균형을 만들었다. 바닥에서 올라오는 한기를 견디기 어려워 간신히 낮잠을 자고 있을 때 코에서 느껴지는 비릿한 냄새와 함께 잠에서 깨었다. 코피가 흘러내린다. 새벽 1시부터 몸부림친 것이 부담되어 하루라는 시간에 여실히 드러난다. 무언가 잘못됐다. 하루면 나을 수 있으리라 생각하여 어제만 아프면 되겠지 싶었는데, 오늘도 내내 아픈 것을 보면 평소와는 달리 더 심하고 더 고통스러운 정신적인 충격이었나 보다.

새삼 갑자기 이렇게 아플 일도 아니었건만 이제야 실형이 나온다는 것에 이렇게 요동치고 못 견딜 일이란 말인가. 아니면 내가 더는 못 버티는 지점에 와 버린 걸까.

하루 중에서도 증상이 왔다 갔다 해 나아질 때도 더 심해질 때도 있었다. 정말 심할 때는 못 견디겠다 싶어 신문을 바닥에 깔고 누웠다. 나는 노숙자들이 왜 신문을 깔고 눕는지 알게 되었다. 생각보다 단열에 효과적이고, 보관하는 데 그리 부피도 크게 차지하지 않았다. 한결 낫다. 그래도 아직 목에서 비릿한 향이 나는 것을 보면 아까의 코피가 목으로 넘어간 것 같았고, 아직 그게 굳지 않은 것 같았다. 오늘은 반드시 나아야 한다.

예전에 사둔 찜질 파스를 목 뒤와 가슴 한가운데에 붙였다. 이걸 붙이면 열은 올라 이 지독한 한기를 그나마 달랠 수 있다. 더 추워질까 봐 화장실도 잘 가지 않았다. 다만, 고역이었던 것은 샤워하는 것이었는데 찬물로 해서 체온이 더 떨어진다는 것이었다. 샤워를 마친 후에는 또다시 최대한 윗옷을 껴입어 어느 정도 체온 손실은 막았으나 몸에 한기가 있는 상태에서 찬물로 씻는다는 것 자체가 부담되는 일이었다. 그나마 다행인 건 오늘이 주말이라는 점이다. 평일이면 이렇게 아픈 채로 일과에 신경을 썼어야 했을 것이고, 내 몸 자체도 못 가누는 상황에서 제대로 쉴 수도 없었을 것이다.

　내일까지 아프면 안 될 텐데 그건 또 내일 가 봐야 알 수 있을 것 같다. 주말을 이대로 보낼 순 없다. 마음에 맺힌 이 심원한 독을 얼른 버리고 평소와 같이 돌아가야 한다. 아니면 그저 이렇게 아픈 채로 남은 기간들을 보내야 한다. 더는 아파지고 싶지 않은데 마음대로 되지는 않아 어려울 뿐이다. 말로는 버린다고 하면서도 쌓이는 게 더 많을 뿐이니 어찌 버리는 게 쉬운 일이랴. 6월에는 어떨지 모르나 지금처럼 아픈 나날들을 보내지 않기만을 바란다.

2025년 6월 4일,
구치소 133일 차

　　　　　　　　이재명 대통령 시대의 날이 밝았다. 창밖을 보니 빌어먹게도 날이 화창하다. 라디오에서 들려오는 실제 개표 결과를 들어 보니 이재명 49%, 김문수 41%, 이준석 8%의 결과였다. 그나마 다행이라면 50%의 지지율은 넘지 않았다는 걸까? 모르겠다, 대체 뭐가 다행인지.

　밖을 나가 보니 가혹한 여름이 왔다. 볕이 따가운 것이 이전까지의 날들과는 확실히 다른 고통스러운 여름이 이어질 것처럼 보인다. 주변의 사람들도 따가움에 여름이 온 것을 알아차린 듯했다. 다들 덥다며 한 마디씩을 더한다. 그래, 여름이다.

오늘은 지금까지 생각해 왔던 것을 하루 동안 다시 한번 생각하고 정리해 보았다. 모든 일이 끝난 지금이야말로 정리할 시간이라는 생각이 들어 TV도 보지 않고 천천히 정리할 시간을 가진 것이다. 장난식으로 말하면 TV를 보는 것도 피로웠기에 차마 나는 보지 못했고, 가장 조용한 평일을 보냈다.

예전부터 말해 왔지만, 계엄은 잘못된 것이 맞다. 다만, 나는 계엄이라는 이 일련의 사태가 일방의 책임이 있는 것은 아니라고 확신한다. 분명 민주당의 책임이 없었던 것은 아니다. 그러나 정치라는 것, 대화와 타협이 기본이 되어야 하는 복잡성을 가진 그 괴물을 물리적 행사로 해결하려고 한 시도는 더없이 나쁜 결과를 가져왔다. 돌이킬 수 없는 결과를 낳은 채 파국을 맞이하게 되었다. 나는 이로써 정치라고 불리는 심연의 끝자락과 그 위험성을 아주 조금이나마 엿보게 되었다. 그리고 그것을 어떻게 다루고 바라봐야 하는지도 어렴풋이 짐작하게 되었다. 내가 감히 알았다고 하기에는 그것은 끝이 보이지 않고 멀리 또 높이 뻗어 있다.

아쉬운 점은 책임이 있는 양측 중에 가시적인 행사를 진행한 이만 모든 비난과 모욕을 짊어지고 가야 한다는 것이다. 분명 이분법적인 흑백 논리로 받아들일 일이 아니었건만, 양측 모두가 책임이 있었음에도 그중 단순히 국민에게 더 자극적으로 보인 일부만이 사라지고, 나머지는 여전히 자신의 색을 보존하게 되었다. 아니 보존한 것뿐 아니라 사라진 상대방의 빈자리마저 자신의 잘못된 색깔로 채워 버렸다. 나는 이것이 정의롭지 못하다고 생각한다. 옳지 못한 결과다. 자신의 죗값을 다하지 않고 책임을 지지 않으며, 모든 영광과 부귀를 누린다는 것은 얼마나 비합리적인 일인가.

나는 보수의 덕목이 책임과 자유 그리고 합리성이라고 본다. 사람마다 기준은 다르겠지만, 적어도 내가 생각하는 보수의 필수 조건은 앞서 말한 세 가지여야 한다. 지난 2024년 12월 3일부터 오늘 2025년 6월 4일까지, 약 6개월의 기간 동안 대한민국의 보수 정당은 실망스러울 정도로 위의 필수 조건을 보인 적이 없다. 그 기간뿐만 아니라 조기 대선까지 보수를 지지했다면, 그것은 어떠한 납득할 만한 이유가 있어서가 아니라 맹목적인 지지 아니면 지금까지 대한민국의 진보 진영이 보여 준 위선에 실망했거나 이재명 대통령의 과거 행적과 발언, 그리고 연루된 사건으로 비춰볼 수 있는 위험성에 대한 우려일 것이다. 아니면 나와 같이 이번 사태에 대해 민주당에 책임을 묻게 하는 심판자의 역할을 기대하고 지지했을 수도 있겠다. 결국, 정리하자면 대한민국의 보수 제1정당이라는 특성에서 기인한 맹목적인 지지 아니면 민주당에 대한 반감이라는 것이다.

여기에 국민의힘이 있는 그대로 존재한 것 말고는 특별히 한 것은 없다. 수직적인 당 구조, 분열과 갈등, 당내 민주주의의 실종, 추악한 이권 다툼까지, 자연스레 스스로 멸망의 길을 착실히 걸어가고 있을 뿐이다. 국민의힘이라는 보수 정당이 이번 대선을 통해 마지막으로 회생 혹은 정상화할 기회를 걷어찬 뒤 자멸하고 말았다. 대선이 끝난 지금도 서로에게 책임을 미루고, 자신들의 이권만을 챙기고 있으니 끝까지 보수다운 모습을 보이지 못하고 있다. 대한민국이라는 이 땅에서 보수는 무엇을 믿고, 누구를 지지해야 하는가. 우리의 가치를 온전히 실현해 줄 이는 언제 나타날까. 현시점에서 보수로 살아간다는 것은 너무도 가혹한 일이다. 특히 보수라고 자신의 성향을 밝히면 집단적인 린치가 가해지는 친좌파적 환경에서 짙은 패배감을 안은 채로 자신의 신념만을 믿고 의지하며 합리의 세계가 오기만을 바란다는 것은 비합리적으로도 보이게 된다.

분명 보수를 믿는 이들이라면, 진정으로 그 가치를 실현하고픈 이들이라면 임종 직전의 대한민국 보수를 죽음으로부터 건져내어 생으로 되돌리고, 이전보다 강한 뿌리를 내리게 할 것을 권면한다. 그 미래를, 반드시 올 필연적 미래를 바라보고 나는 지금의 이 열망과 기대를 묻어둔다. 이번 괴멸로 보수는 더욱 보수다워질 것이며, 상대해 왔던 진보 진영의 지독함과 단합력 또한 인지하고 학습했다. 차후 모습을 드러낼 보수야말로 자신들의 이익에 안주해 버린 구태의 보수가 아닌 보편타당한 합리를 기치로 내세운 신보수와 중도까지 아우를 수 있는 참보수가 될 것이다.

내일 이재명 정부에서 사법 개혁을 빌미로 오직 한 명을 위해 사법 체계를 뜯어고친다고 한다. 최선의 공익을 창출하기 위해 합의된 전체의 약속을 한 사람의 사익을 위해 개악하는 것이다. 그것이 앞으로 가져올 모두의 손해는 고려하지 않는, 지금 당장 자신만의 안위를 위해 공적 체계를 뒤흔드는 일을 거리끼지 않고 자행하는 것이다. 본질에서 계엄과 다를 것이 무엇이란 말인가. 외려 선출된 독재자 – 가장 막강한 정부의 힘을 업은 – 이기 때문에 자기 뜻이 국민의 뜻이며, 자신의 이익이 국민의 이익이라도 된다는 말인가. 어지러운 세상이다. 위험한 세상이기도 하다. 막을 명분 또한 없는 무소불위의 질서 파괴자를 가만히 바라보기만 해야 하고, 뒤따를 그 대가는 사후에 고스란히 개개인에게 전가된다. 양심과 책임은 정녕 존재하지 않아 보인다. 언젠가 그 누구에게 심판받을 날이 오겠지만, 그날이 지금으로서는 요원해 보인다. 아, 외마디 탄식만이 터져 나올 뿐이다.

누군가는 말한다. 윤석열 전 대통령이 계엄만 하지 않았더라면 이런 일은 벌어지지 않았을 것이고, 이재명과 민주당이 사법 리스크로 인해 고꾸라졌을 것이라고, 맞는 말이다. 나도 그 말에 일부 동의한다. 아쉬움도 많이 남는다. 그러나 계엄 이후 모두는 보게 되었다. 대한민국 정치의 민낯을, 정당과 정치인들이 얼마나 혐오스러운 일면을 가졌는지 모두는 알게 되었다. 곳곳에 퍼져 있는 고름이 피와 살에 붙어 생명력을 착취하는 모습을 보았으니 이제는 그 고름을, 낯부끄러운 부정의 덩어리를 걷어내려 할 것이다. 많은 이들이 경계할 것이다. 그것이 보수 진영으로서, 일개의 시민으로서 얻은 유일한 성과이자 위안이다. 소기의 성과 아니면 미래에 다가올 거대한 혁신의 씨앗 그것이 나를 절망하지 않게 한다.

이재명 정부의 첫날을 맞이하여 주저리주저리 글을 끄적였으나, 이것이 지금 나 자신의 소회이며 진실한 생각일 따름이다. 앞으로 어떠한 정책을 펼칠지 모르겠으나 그저 공익을 더 크게 생각하길 바라며, 지지하는 이들을 실망하게 하지도 말고, 반대 진영의 지지자들도 챙겨주길 기원하겠다. 그럼 일기 아닌 일기를 여기서 마치면서 오늘을 끝낸다.

2025년 6월 12일.

구치소 141일 차

지금까지의 날 중에 가장 더웠던 날이다. 점심 무렵 창밖을 보는데 공기가 달랐다. 냉면 한 그릇

돌이킬 수 없는 그날의 약속

이 절실히 생각나는 시기가 오는 것 같다.

아침에 운동을 나가니 조그마한 닭장 일부에도 가림막이 쳐져 있었다. 140여 일 동안 운동장에 인위적인 변화가 없었는데 처음으로 생긴 변화다. 새로워진 운동장을 걸으며 어제의 재판에 대해 공범 형과 이야기를 나눈다. 주로 얘기를 나눈 것은 JTBC 기자가 제보한 촬영 영상이었다. 그 영상은 법원 7층 판사실까지를 사람들과 함께 무리 지어 다니는 영상이었다. 기가 찼다. 누구는 그 상황에서 건물 부지에 들어갔다고 5개월째 갇혀 있는데, 누구는 건물 안에 그것도 7층 판사실까지 갔음에도 구속조차 되지 않았다. 기자라는 이유로 모든 것을 이해하기에는 주어진 박탈감이 너무도 컸다. 나와 그중에 의도와 행동을 합쳐서 더 중한 것은 누구인가. 나도 항의하러 간 것이 아니고, 그도 아니다. 나는 건물에 들어가는 것은 잘못이라 생각하여 들어가지도 않았다. 그는 들어갔다. 나도, 그도 일행은 없었고, 문을 강제로 개방하지도 않았다. 그런데 나는 5개월 아니 6개월 정도의 시간을 모든 것을 잃은 채 이곳에 있었고, 그는 구속은커녕 기소가 되었는지 안 되었는지도 모르겠다. 기자라는 것만으로 내가 어떻게 납득하라는 것이냐. 이야기를 나누다 보니 머리가 지끈지끈 아파진다. 서로 분개할 수밖에 없는 상황이다. 그런데도 우리가 할 수 있었던 것은 그것밖에 없었다. 그저 다음 재판을 기다리며 곱씹을 뿐이다.

2025년 7월 7일.

구치소 166일 차

14번째 재판 날, 드디어 구형 및 결심이 되었다. 선고가 8월 1일 오후 2시 30분에 이뤄진다는 것이 매우 아쉬웠으나 어쨌든 무언가 하나는 끝났다는 생각에 해방감이 든다.

나름 신경이 쓰인다면 신경이 쓰일 수도 있는 날이지만, 나는 그런 것 없이 나름 무난하게 잠을 자고 일어났다. 평소와 같은 오전 일과를 마치고 신문을 좀 읽다가 때가 되어 거실문을 나섰고, 주머니에는 최후 진술서를 넣은 채 출정 대기실로 가 내 차례를 기다린다. 어느덧 익숙해진 포승과 연승을 마치고 하나, 둘, 호송 버스에 올랐다. 오늘 우리 재판에 참여하는 피고인만 해도 49명, 변호사님들까지 합치면 70명에 육박하지 않을까. 본 재판정에는 가족은 없지만 판사님, 변호사님, 검사, 교도관님, 그리고 몇 안 되는 기자들로 꽉꽉 채워져 있다. 피고인 수가 많으니 변호사님도 많고 호송하는 교도관님들도 많고, 아, 버스도 4대였다. 서부지방법원 입구에 응원하러 와 주신 분들도 역대 최대 규모였다.

가장 먼저 이뤄진 것은 검사의 구형인데 각각 1년에서 5년까지 다양한 형량이 내려졌다. 구형을 들으며 느낀 것은 이번 기소와 구형 자체가 무리였다는 것을 새삼 다시 한번 깨닫게 되었

돌이킬 수 없는 그날의 약속

다는 것이다. 나의 구형은 예상했던 대로 1년이었으나 다른 혐의 없이 부지만 들어간 모든 이들이 1년이었고, 청사 내부까지 들어간 사람은 6개월 추가하여 1년 6개월, 거기다 증거를 모두 동의하지 않았던 이들은 6개월이 또 추가되었다. 일괄적으로 단지 그런 방식들을 사용하여 계산해서 내린 형이다. 그들의 각기 구체적인 행위는 파악하지도 않은 채 단지 건물의 침입 여부와 증거 동의 여부로 내려진 것이었다. 이해가 가지 않았다. 다른 혐의야 그들의 계산법이 따로 있을 터이니 차치한다고 하여도 같은 특수건조물 침입 혐의를 받는 사람들이 각각 행위 정도가 다른데 어찌 일괄적으로 같은 형량이 나왔다는 말인가.

가령, 청사 안까지 들어간 사람도 1층에만 있었던 이와 7층까지 올라갔던 이가 있을지언대, 그게 같은 형량을 구형받는 것이 맞는 건가 싶었다. 아, 혹시 오해할까 봐 말하지만, 행위가 더 큰 이를 더 강하게 처벌하라는 것이 아닌 일괄적으로 같은 형량을 내린 검찰을 규탄하고자 하는 것이다. 원래 이렇게 하는 것인지는 모르겠으나 나에게는 각각의 행위조차 명확히 파악하지 못해 제대로 된 기소와 구형을 못 했다는 생각이 강하게 들었기 때문이다.

7층까지 들어갔고, 중간중간 촬영한 동영상이 끊어져 있는 매우 의심스러운 행동을 한 JTBC 하청 업체의 기자를 검찰이 무혐의 처분했다는 사실 또한 오늘 재판을 통해 알게 되어 검찰에 대한 나의 불신이 더욱 강해져서 그렇게 생각한 것인지도 모른다. 각각의 행위만 놓고 보자면 나와 그 기자 중에 누가 더 큰 피해를 줬단 말인가. 건물 출입구 근처도 안 간 나와 7층까지 올라간 그, 둘 다 촬영하러 갔음에도 말이다. 적어도 입건은 된 줄 알았는데 정말이지 씁쓸하면서도 내 재판을 담당하고 있는 검사들에게 최소한의 신뢰마저 사라지는 일이지 않을 수 없었다. 구속까지는 바라지도 않는다. 아무래도 기자라는 신분이 그 행동에 타당성을 부여하지만, 적어도 재판을 통해 판단을 받아 봤어야 하는 게 아닌가.

이 사건에 연루된 피고인들의 행위를 잘 모른 채로 언론에 보도된 거로만 생각했다면 검찰의 무혐의는 당연한 처사라고 했을 것이다. 그러나 내가 당사자인 처지에 있고 증거들을 보았으며 공소장과 증거 영상들을 통해 어느 정도 사건을 알고 있는 상황에서 이것은 도저히 이해가 안 되는 결과였다.

구형이 끝난 후에는 49명의 최후 진술이 시작되었다. 49명의 최후 변론은 각양각색의 사정과 이야기를 담고 있었으며, 그것을 듣는다는 것은 다소 괴로운 일이기도 했다. 많은 이들은 자신의 사정을 말하며 울기도 했고, 억울함을 토로하기도 했다. 주된 내용은 죄송하다는 말이었다. 변호사님들도 그에 맞춰 건조물 침입죄나 특수라는 글자의 구성 요건을 따지며 무죄를 선고해달라는 분들도 계셨고, 양형에 대한 참작 사유를 말씀하시는 분들도, 이 사건에 이르게 된 경위 자체를 말씀하시는 분도 계셨으나 그분들 모두가 자기 자신의 피고인에게 맞는 이야기를 했다는 것은 틀림없는 사실일 것이다.

아, 한 분은 제외해야 할 것 같다. 한 분은 변호사님의 의견에 정면으로 반박하고 거의 싸우자는 식의 말을 했다. 대체 뭐가 문제였는지는 모르겠다. 몇몇 기억나는 최후 진술을 꼽자면 방금 말한 것처럼 싸운 사람과 중간에 옆으로 나와 판사님에게 무릎을 꿇은 것, 현시대의 대한민국 상황에 대한 강한 개탄, 마지막으로 드디어 얼굴을 보게 된 다큐멘터리 감독의 진술 내용이었다. 우리와는 다르게 불구속되어 최후 진술을 상세히 준비해 와 가장 많이 우리의 시간을 갉아먹으며 자신의 억울함을 호소했다. 아까 말했던 JTBC 기자와 자신을 비교하며 말이다. 솔직히 처음에는 같잖았다. 유일하게 불구속되어 지금까지 자유를 누릴 수 있었던 그가 감히 그 많은 구속된 이들 앞에서 억울하다며 토로하고 있는 것이 무슨 배부른 소린가 했다. 그렇지만 인간은 자기중심적 동물이고 본인으로서도 무혐의 처리된 기자와 비교한다면 억울하지 않겠는가. 그래서 그저 그럴 수 있다고 생각하기로 했다. 아니, 솔직히 이해하기 어렵다. 뭐가 평등한 것인지 이제는 정말 모르겠다.

나는 내 최후 진술을 서면으로 제출했다. 한 네다섯 명 정도가 서면으로 제출했던 것 같다. 몇몇이 서면으로 제출했음에도 모두의 재판이 끝난 것은 오후 6시 반 즈음이었다. 이로써 실질적인 1심 재판이 모두 끝남에 따라 꼭 해야 할 말이 있다. 변호사님, 담당 변호사님인 장 변호사님께 감사하다는 말이다. 내가 인간인 이상, 은혜를 받은 이상은 그 말을 잊어선 안 된다. 지난 170일 동안(체포된 지는 오늘로 170일이다.) 그 누구보다 최선을 다해 주시고, 성심성의껏 우리를 위해 노력을 아끼시지 않았다. 1심의 마지막까지 선의를 갖고 최선의 최선을 보여 주신 그분께 갚지 못할 큰 은혜를 입었다. 모든 서부지법 변호인단분들께도 감사하다. 특히 장 변호사님을 만난 것은 일생의 행운이었다고 생각할 만큼 감사하고 못 잊을 일이 되었다. 8월 1일에 어떤 결과가 나올지 모르겠지만 우리는 최선을 다했고, 결과 그 이상의 무언가를 얻었다는 생각이 든다. 감사했고 감사하며, 앞으로도 감사할 따름이다. 감사합니다, 장 변호사님.

이곳에서의 실질적인 재판은 이렇게 끝이 났다. 길었다. 너무도 길었다. 이곳에서의 삶이 끝을 보인다는 것에 경쾌함을 느끼며 지친 몸을 달래고 잠자리에 든다. 고생했다.

돌이킬 수 없는 그날의 약속

2025년 7월 31일.

구치소 190일 차(선고 D-1)

7월의 마지막 날이자 나에게는 이 곳에서의 마지막 밤, 뭐라고 해야 할까. 정말 많은 생각이 교차하기도 했던 날이다. 나는 정말 내일이면 나갈 수 있을까. 며칠간 굳게 믿어 오던 것들이 오늘에 들어와서는 산산이 부서지고 말았다. 사실은 나도 불안하다. 내가 내일 못 나가게 되었을 때 내가 얼마나 무너질지 가늠조차 되지 않아 필사적으로 부정하고 외면해 오고 있었던 것이다. 나는 다시 한번 날개가 꺾이는 게 두렵다. 이곳에 옴으로써 나의 한쪽 날개는 꺾여 버렸고, 그나마 남은 이 날개마저 꺾인다면 나는 영영 다시 날 수 없을 것이다. 창밖에는 달이 높게 떠 있다. 오늘따라 유난히 밝은 것이 크레이터 자국들도 선명하게 보일 정도다. 가슴에 뜨거운 것이 울컥 차오른다. 나는 내일의 달을 대체 어디서 보게 될 것인가. 저 밝은 달이 주어지는 곳은 대체 어디란 말인가. 다시 상념에 빠진다. 꼭꼭 눌러두었던 부정의 감정이 스멀스멀 올라오고 있다. 나간다면 나는 그저 즐겁게 보내고자 하였다. 가볍게, 마치 아무 일도 없었던 것처럼, 다시 찾은 일상에 대한 기쁨만 고스란히 느끼고 싶었다. 소중한 사람들, 그들과 함께 있다면 가볍고 쾌활한 모습만을 보여 줄 수 있을 것 같았다.

그러나 나의 이 분노는 어떻게 비워야 하며, 어떻게 해결해야 한다는 것인가. 안다, 모두가 내 경솔함으로 인해 벌어진 일이란 것을. 내 잘못으로 인해 모든 게 시작된 거다. 그런데 과하다. 너무 과했다. 쌓여버린 마음의 독은 터져 나갈 곳만을 찾고 있다. 나는 위험하다. 이 부정의 덩어리가 터져 나갈까 봐 나는 무섭다. 그렇기에 나는 나를 잘 다스려야 한다. 나도 알고는 있다. 앞으로 혼자만의 시간을 통해 천천히 비워내야 할 것이다. 변호사님과의 접견 시간 때에도 최악의 상황을 가정했다. 실형 8개월이 나오는 상황에 관해 이야기도 나눠보았다. 내가 저지른 민폐를 수습할 수 있는 건 지금 나가는 것밖에 없다.

　머릿속이 한층 더 어지러워졌고, 그것을 생각하는 것은 나에게 굉장히 곤욕스러웠다. 하지만 나는 의연한 모습을 보여야 했다. 변호사님께서 결정해 주실 수도 없고, 지금까지 최선을 다해 도와주신 분께 보일 도리가 아니었기 때문이다. 내일 나가게 되면 소주 한잔하자고 하시는 변호사님의 말씀에 감사함을 가슴 깊이 담고 최악의 상황은 머릿속에서 날려 버리고자 했다. 나오면서 변호사님께 감사하다는 말씀을 드리고 나는 다시 이곳으로 돌아왔다. 돌아오니 대강당에서 다들 에어컨 바람을 쐬고 온 모양이다. 시원했다고 최고였다고 했지만, 나는 여러 가지 복잡한 생각에 크게 와닿지 않았다. 내일의 일이 신경 쓰였기 때문이다. 사람들이 선고 전날에는 상당히 예민해진다고, 그래서 건들지 말라는 말이 있었는데 나도 그 예민함을 지금 느끼고 있다. 내가 봐 온 이들도 그러했겠지. 아니 사실 나보다 더했을 것이다.

나는 내가 그래도 나갈 가능성이 더 크다고 생각하는 이가 아닌가. 압박감이 더 셀 수밖에 없었을 것이다. 존경스럽다. 그들의 고독했던 내면의 투쟁이. 나도 한숨 돌리고 싶으나 답답하다. 모든 것은 내일 가봐야 알겠지만 만에 하나, 먼 길 오신 부모님께 실망하게 해 드릴까 봐 또 두렵다. 지금으로선 쓸데없는 걱정이지만 그만큼 나도 불안한 것이다. 심호흡과 함께 마음을 다잡고 얼른 잠이나 자야 할 것 같다. 그래야 이 불안함을 잠시 가라앉힐 수 있을 것이다. 밤이 늦었다. 잠을 청해 본다. 어두운 나의 침실이 그립다.

2025년 8월 1일.

구치소 191일 차(1심 선고)

아침부터 아무것도 손에 잡히지 않는다. 겉으로는 괜찮은 척을 하고 있었지만 실제로는 긴장과 불안에 갇혀 있었다. 오늘 내게 내려질 결과를 생각하니 당연히 그 무엇도 손에 잡히지 않을 수밖에 없다. 평소와 같은 일과, 이게 제발 마지막 일과가 되길 바라며 덤덤히 마친 후에 시간이 되어 이 방을 떠난다. 이 방에 남아 있는 사람들에게 마지막이 될지도 모르는 인사를 남긴 채…….

　도착한 법정에는 묘한 긴장감이 감돌았다. 나뿐 아니라 모두, 여기 있는 모두가 긴장되지 않는다면 그건 거짓말이겠지. 판결은 너무도 길었고, 내용 하나하나가 나올 때마다 좌절했다. 그 긴 내용에서 이해가 되는 내용 따윈 없었다. 단지, 그저 절망의 소리였을 뿐. 변호사님께서도 중간부터 항소하자며 우리를 바라보고 말씀하셨을 정도였으니 어느 정도였을지 가늠이 될 것이다. 결과적으로 말하자면 내 주장은 하나도 받아들여지지 않았다.

　결국, 나에게 특수건조물 침입이 적용된 것이다. 촬영할 때 사람들과 같이 있었다는 게 내 혐의의 요지였다. 머리가 멍해져 온다. 심장이 요동치기 시작한다. 나의 선고 순서는 네 번째, 앞의 사람들이 한 명씩 실형이 나오고 있다. 아, 우리는 이곳에서 벗어날 길이 없구나. 내 차례다.

　징역 1년.

　숨이 턱 막힌다. 그러나 그 뒤에 덧붙인 말이 나에게 안도감을 불어 넣어 주었다.

　다만, 형의 집행을 2년 유예하기로 한다.

개인적으로 그나마 좋아할 일이겠지만, 나는 좋아할 수가 없었다. 너무도 많은 이들이 실형을 받았고, 심지어 같이 1년을 구형받은 이마저도 일부가 실형 1년이 선고되었기 때문이다. 미안하다. 한없이 죄스럽다. 그들을 남겨두고 떠난다는 것이 과연 맞는가. 고개를 숙였다. 그들을 바라본다는 것이 부끄럽기만 하다. 모든 결과가 나온 후 밖으로 나갈 수 있는 이는 고작 여덟 명에 불과했다. 갇혀 있던 48명 중 8명 만이 석방되었다. 모두 1년에 2년 집행 유예를 받고 재판정을 나오는데 다른 사람들이 축하를 해줬다. 다시금 부끄러워졌다. 그들을 남겨두고 떠난다는 것이, 누구보다도 속이 썩어 문드러질 그들에게서 축하를 받는다는 것이 말이다. 그에 나도 먼저 가서 미안하다는 말만 할 수밖에 없었다. 8명, 집행 유예를 받은 이들은 층을 옮겨 서류를 작성하고 꽤 많은 시간을 대기한 후에 다른 분들과 함께 구치소로 다시 돌아갔다. 안타깝다. 같은 버스임에도 누군가는 다시 돌아가야 하고, 누군가는 이 일정이 마지막이 될 것이니 말이다. 버스를 내리는 데에도 고개를 들지 못했다.

그들이 꼭 최대한 빨리 나오기만을 제발 무탈하게 나오시기만을 간절히 바라는 염원을 가슴에 새기며 나는 버스에서 하차했다. 195일, 장장 195일 만에 나와서 본 하늘은 빌어먹게도 좋았고, 많은 이들의 절규가 묻혀 있는 그야말로 빌어먹게 좋은 하늘이었다. 사복으로 갈아입는 것이 어찌나 어색한지 오랜만에 신는 신발은 낯선 것을 넘어서 이질감이 들 정도였다. 이제야 나간다는 것이 서서히 체감되기 시작하고, 다시 사회로 내딛는 발걸음을 뗀 것이다.

그간 나에게는 많은 짐이 생겼나 보다. 방에서 빼준 짐만 해도 한가득하고 두 손으로 들고 가기도 쉽지는 않았다. 그걸 오늘 오신 아버지의 차에 싣고 고향으로 내려가는 길에 오래간만에 만지는 핸드폰을 눌러 몇몇 이에게 나의 석방 소식을 알려야 했다. 물론 지금 계신 아버지와 이야기를 하는 것도 중요하지만, 그와 별개로 해야 할 것들도 있었다. 어머니께서는 비록 일 때문에 오시진 못하였으나 마음은 여기에 같이 계셨다. 이런저런 얘기를 나누다 보니 아버지께서는 누나네 가족과 같이 저녁을 하자 하셨고, 나도 흔쾌히 그러자고 했으나 그 시간이 나에게 아직 풀려나지 않았다는 것을 알게 하는 시간이 되기도 했다.

맥주 한 잔, 딱 그 한 잔을 마시는 순간 속이 뒤집혔다. 감정을 조절하기 어려워진다. 오늘, 구속이 되지 않았던 다큐멘터리 감독은 전문 촬영 장비를 사용한데다 사람들과 거리를 두고 있었다는 논리로 벌금만 받고 법정을 떠나갔기 때문이다. 처음부터 끝까지 공정이라는 것은 존재하지 않았다. 걷잡을 수 없는 분노가 불같이 타올라 버렸다. 왜 우리만 이런 처우를 받아야 했는지에 대한 분노, 치밀어 오르는 화가 언제든지 터져 나갈 기회를 노리고 있다는 것을 나는 알게 된 것이다. 조심해야 한다. 당분간은 술을 마시지 말아야겠다.

간단히 자리를 마치고 돌아온 집에서는 아무리 누워 있어도 잠이 오지 않았다. 분명 기쁘게 잠들 수 있을 듯했으나 실제로 맞이한 침대에서는 아무것도 느껴지지 않았다. 투쟁, 오늘로써 나의 새로운 투쟁이 시작되었고, 이제야 나는 그 출발 선상에 선 것이다.

2025년 8월 31일.
석방 한 달 차

그간 많은 일이 있었다. 이 기간에 내가 가장 크게 하려 했던 것은 회복이었다. 앞서 말한 투쟁을 하기 위해선 나의 상태를 일정 부분 회복시킬 필요가 있었다. 많은 이들을 만났고, 많은 이들에게 괴로워했다. 많은 것을 바란 것은 아니었다만, 사람들은 나의 이야기를 귀담아듣지 않는 경우가 많았다. 괜찮을 줄 알았다. 이미 예상했던 멍에일 줄 알았으니까. 그러나 예상하지 못했던 이들에게 그런 취급을 받는다는 것은 쉽지 않은 일이었다. 나는 깊은 외로움에 빠졌다. 한 달 동안 세상은 더욱 상식이란 것은 사라졌고, 평등은 개나 줘 버린 것이 되었다. 특히 광복절에 있었던 조국과 윤미향의 사면이야말로 그

행보의 정점을 찍은 사건이었다. 3대 특검을 위시한 인권 탄압과 윤석열 대통령님의 인격 살인은 좌파 정부의 잔인한 면모를 여실히 보여 준 일이었다고 생각한다. 그런데도 많은 이들은 그 상황을 심각하게 생각하지 않고 있다. 왜 이러한 현실에 분개하지 않는가. 아무래도 나의 투쟁은 조금 더 길어질 것 같다. 공정과 상식을 되찾기 위한 여정, 그것이 풀려난 나에게 주어진 지상 과제다. 비록 아직은 적극적으로 활동하지 못하고 있으나 언젠가는 그 선봉에서 나는 그 가치를 부르짖을 것이다.

좋은 일도 있었다. 밖에 나와 이 같은 이야기를 나누다 보니 주변 지인에게서 본받을 만한 깊은 일면을 볼 수도 있었다. 앞으로는 그들을 본받아 나의 사고와 합리를 더욱 키워나가려고 한다. 한 달을 쉬었으니 다시 내 생각과 언어를 크게 다듬을 때가 되었다. 국민의힘도 당 대표님으로 투쟁을 중점에 둔 장동혁 대표님이 되었다. 같은 뜻을 가진 많은 동지를 만나 볼 수 있었다. 장 변호사님도 두 번 뵈었고, 28일에 있었던 서부자유변호사협회 창단식에 참석해 많은 사람을 만나기도 했다. 평소 동지란 말은 너무 이념적이라 북한에서만 쓰는 말로 규정 짓고 이질감을 가져왔던 단어였는데, 그분들을 같은 뜻을 가진 동지라 부르지 않고서는 배기지 않을 수 없었다. 순수한 기쁨에서 나오는 동지라는 말이 그분들에게는 가장 어울릴 것이다. 최근 그렇게 마음이 편한 적이 있었나. 단언컨대 없었다고 할 수 있다. 그렇지만 거기서 만난 변호사님, 같은 피고인들, 그리고 보수의 가치를 실현하기 위해 이전부터 싸워오신 분들, 그들과 함께 있으면 나는 외롭지 않아졌다. 즐거웠다. 기쁘기만 했다. 유대와 연대의 힘을 다시금 느낄 수 있었다. 그래, 이것이야말로 내가 이 일로 얻은 지고의 가치인 것이다.

다만, 그 자리에서 너무도 죄송했던 것은 변호사님께서 서부지법 피고인들을 앞으로 부르셨으나 나는 나가지 않았다. 나가고 싶었지만 9월부터 복직이라 나갈 수 없었다. 자리를 보전하기 위함이 아니다. 나를 복직시키기 위해 꽤 많은 것들을 희생한 사람들이 있어서 그들을 배신할 수 없어서다. 나 혼자의 문제였다면 바로 자리를 박차고 나갔을 것이나 나는 그러지 못했다. 다시 한번 부끄러움이 몰려왔다. 나의 보전을 위해 가장 크게 도와주신 분들의 필요를 외면했다고 느꼈기 때문이다. 그러나 그 많은 변호사님께서는 죄송하다는 말에 이해한다는 말씀을 해 주실 뿐이었다. 감사하다. 또 한 번 이분들의 됨됨이를 배운다.

한 달, 벌써 한 달이라는 시간이 지났다. 구금된 분들은 크게 힘드신 시간이 되지 않았기만을 바란다. 이제야 그분들의 투쟁을 작게나마 이해하는 나로서는 너무도 죄송한 일일 뿐이다. 그들이 무엇을 희생했는지 가늠조차 되지 않기 때문이다. 너무 고통스러워하지 않기만을 바란다. 죄송하다.

내일부터는 다시 세상에 관한 공부를 하려 한다. 나의 합리를 더욱이 깊게 구축하고, 그것을 토대로 많은 이들에게 세상의 진실을 알리기 위해서다. 내가 많이 모자란 만큼 쉽지 않은 일이겠지만, 내가 깊어져야 올바른 생각을 할 수 있지 않을까 싶다. 앞으로 더 발전하는 나를 목표로 삼으며, 석방 한 달의 소회를 여기에 담는다.

돌이킬 수 없는 그날의 약속

서부자유변호사협회 창단 선언문

대한민국은 대혼란에 처해 있습니다.

법치주의는 완전히 무너졌고, 실질적인 1당 독재의 폭거가 자행되고 있으며, 이로 인하여 삼권 분립은 처참히 무시되고 있습니다. 부정 선거 의혹은 점차 강해지는데도 법원과 관련 기관은 국민의 아우성을 무시하고 진실을 밝히기를 금기하고 있습니다.

대한민국의 주권은 국민에게 있고, 모든 권력은 국민에게서 나옵니다. 이것은 대한민국이 자유 민주주의 가치 위에 건국되었음을 전 세계에 천명한 건국 정신으로, 1948년 제헌 헌법으로부터 오늘날까지 이어온 대한민국 헌법의 핵심 가치입니다. 이를 지켜오기 위하여 우리 대한민국은 전 세계 누구보다 열심히 공부하고 일해 왔으며, 이 가치기반이 있었기에 전 세계 누구보다 찬란한 기적을 거듭해 왔습니다.

민주주의는 선거, 다당제, 그리고 법치와 삼권 분립이 보장될 때 마침내 가능합니다. 국민의 뜻을 선거가 반영함으로써, 국민 주권주의가 실현되고, 국회는 다당제를 통하여, 자유로운 의견 개진과 민주적인 합의 절차를 수행합니다. 이렇게 입법은 국민 뜻을 담아 국회가, 국회가 제정한 법의 수행은 행정부가, 법의 제정과 실행에 대한 감독과 판단은 사법부가 수행합니다. 이것이 삼권 분립, 민주주의를 가능케 하는 대전제입니다. 그리고 이 모든 과정에서 법치(Rule of Law 법에 의한 통치)가 이루어져야 합니다.

대통령도, 다수당의 권력자도, 그리고 판사도, 그가 가진 권력의 정도가 아니라 법에 따라 그의 권한의 내용과 절차가 수행되도록 하는 것, 그것이 법치입니다. 누구에게나 법이 공정하게 적용되도록 헌법과 법령은 절차적 정당성을 보장하고 있습니다. 절차적 정당성 없는 곳에 법치가 있을 수 없고, 법치가 없는 곳에는 결코 자유 민주주의가 뿌리내릴 수 없습니다.

그러나 오늘날 대한민국은 대혼란에 처해 있습니다.

2024년 12월 3일, 국민이 선출한 대통령은 헌법에 명시된 대통령의 권한을 행사하여 계엄령을 선포하였습니다. 그러나 수사 권한이 없는 기관은 불법 영장으로 대통령을 체포 및 구속하였습니다. 대한민국의 법치는 완전히 무너졌고, 삼권 분립은 흔적도 없이 사라졌으며, 1당 독재는 제어 장치가 없습니다.

　스스로 선출한 대통령이, 형사 소송법의 원칙과 절차적 정당성이 완전히 무시된 채 불법 체포되는 과정을 지켜본 국민들은, 2025년 1월 18일 밤과 2025년 1월 29일 새벽 서울서부지방법원 주변에서 평화 시위를 하던 중 일부가 법원 내부로 진입하거나 법원의 공용물을 손상하게 된 상황이 발생하였습니다. 이 상황에서 많은 국민들이 체포 및 구속되었고, 입건되어 수사를 받고 있습니다.

　사건 이후, 이러한 대혼란과 무너진 법치를 목격한 변호사들은 현직 대통령에게도 지켜지지 않았던 형사 소송법의 원칙과 절차적 정당성이 이들에게는 더욱더 무시될 것이고, 이들의 인권은 유린될 것이 우려되어, 일명 "서부항쟁자유청년들"이 변호사의 조력을 받을 권리를 행사할 수 있도록, 하나둘 각지에서 모여들었습니다.

　그리고 함께 모인 변호사들이 발견한 모습은, 사법 경찰과 검사가 2025년 1월 18일부터 서부항쟁자유청년들을 형사 소송법의 기본 원칙조차 준수함 없이 무더기 불법 구속을 하였다는 것, 2025년 4월 21일까지 모두 143명을 피의자로 입건하고 그

중 95명을 구속하였다는 것, 그렇게 서부항쟁자유청년들은 지금까지 약 4개월째 구속되어 있다는 점입니다.

국민 여러분,

대한민국은 대혼란에 처해 있습니다.

2025년 5월 9일 밤. 대한민국의 대표 정당이, 국민과 당원의 뜻으로 선출한 대통령 후보를 아무런 근거 없이 처참히 무시하고, 당원도 아닌 사람을 졸속으로 당에 가입시켜 당의 대통령 후보자로 등록하였습니다. 이 과정에서 어디에도 법령 준수나 후보를 선출한 당원과 국민의 뜻에 대한 고려는 없었습니다.

작금의 사태에 통탄을 금치 못하는 우리 변호사들은 서부항쟁자유청년들의 변호를 넘어, 무너진 대한민국의 법치주의를 다시 세우기 위하여, 나아가 대한민국의 자유 민주주의를 수호하기 위하여 "서부자유변호사협회"를 창단하여 다음과 같이 선언합니다.

대한민국 법조인으로서 헌법과 법치의 재건, 수호, 발전을 위하여 활동합니다.

대한민국의 자유 민주주의 정신을 수호합니다.

　　　　　　　　　　돌이킬 수 없는 그날의 약속

법치주의를 무시한 권력자들의 폭거로 인한 피해자를 보호하고 대변하여 변호사의 조력권을 행사할 수 있도록 활동합니다.

대한민국의 자유 민주주의와 개인의 자유, 헌법과 법치주의, 그리고 국가로서의 대한민국의 주권Sovereignty을 무시, 공격, 해를 가하는 개인, 단체, 그리고 이념 등과 적극적으로 싸우고, 그러한 가능성이 있는 행위를 방지하기 위하여 활동합니다.

대한민국의 자유 민주주의와 법치주의를 위하여 활동하는 개인과 단체에 법률적 지원으로 협력합니다.

국제적 연대를 통해 자유 민주주의 가치를 나누고 동맹국과의 이해와 공조를 통해 대한민국 자유 민주주의 가치를 견고히 합니다.

건국 헌법은 '각인의 자유'라는 표현으로 집단의 자유를 위한 개인의 희생이 아닌 개인의 자유가 정치, 경제, 사회, 문화의 모든 영역에서 꽃피울 수 있도록 보장할 것을 국가의 의무로 규정하였습니다. 서부자유변호사협회는 찬란한 건국 정신을 계승하겠습니다. 집단의 해방이라는 명목으로 희생당하는 개인이 아닌, 개인의 행복을 위한 국가 운영과 국가의 재건에 이바지할 수 있도록 오늘 여기 변호사들이 자유롭게 하나둘 모였습니다. 대한민국 국민 개인이 모두 공정한 법의 적용을 받을 수 있도록 우리가 치열하게 닦아온 자유 민주주의 정신을 수호하기 위하여 법치주의 재건에 앞장서겠습니다.

　대한민국은 대혼란에 처해 있습니다.

　그러나 결코, 희망을 버리지 않습니다. 대한민국은 혼란 끝에 언제나 기적을 거듭해 왔습니다. 서부자유변호사협회는 책임의식을 가지고 무너진 법치를 재건하겠습니다. 대한민국의 다음 기적! 여러분의 기적을 만들 발판이 될 국가를 재건하기 위하여 오늘, 서부자유변호사협회를 창단합니다.

2025년 5월 10일

서부자유변호사협회

법치의 권위는 본보기가 아니라
균형에서 나온다

이 책을 덮는 순간, 독자에게 남아야 하는 것은 분노도, 선동도 아니다. 남아야 할 것은 '질문'이다. 우리는 과연 이 청년들을 무엇으로 불러야 하는가.

폭도인가,

희생자인가,

아니면 그 어느 쪽에도 속하지 않는 불편한 존재인가.

서부지법 사태를 둘러싼 논쟁은 처음부터 끝까지 이 질문을 회피한 채 흑백의 언어로만 소모되었다.

이 청년들은 완벽하지 않다.

판단의 오류도 있었고, 감정의 과잉도 있었다. 그러나 그 모든 것을 덮어 버릴 만큼 중요한 사실은 그들이 체제를 전복하려 들지 않았다는 점이다. 그들은 국가를 부정하지 않았고, 법을 조롱하지도 않았다. 오히려 법이 더는 공정하게 작동하지 않는 것처럼 보인 그 순간에, 가장 미숙한 방식으로나마 그 불안을 표출했을 뿐이다. 이를 곧장 '내란'이나 '반체제'로 명명하는 것은 국가 권력이 시민의 분노를 이해할 능력을 상실했음을 자백하는 것에 가깝다.

더 우려스러운 것은 그 이후의 태도였다.

수사와 재판의 과정은 지나치게 빠르고 무거웠다. 개인의 행위는 지워지고 상징만 남았다. 청년들은 하나의 이름으로 묶였고, 하나의 프레임 속에서 처리되었다.

정의는 속도로 증명되지 않는다. 법치의 권위는 본보기가 아니라 균형에서 나온다. 이 균형이 무너질 때, 법은 보호막이 아니라 공포의 언어가 된다.

보수의 가치는 질서이지만, 그 질서는 이해와 책임 위에 세워진다. 책임을 묻되 맥락을 지우지 않는 것, 처벌하되 인간을 말살하지 않는 것, 이것이 자유 민주주의가 전체주의와 갈라서는 지점이다. 청년을 적으로 만드는 국가는 오래가지 못한다. 침묵을 강요받은 세대는 언젠가 더 큰 균열로 돌아오기 때문이다.

이 책은 무죄를 선언하지 않는다. 대신 기억을 요구한다. 감정의 과잉 속에서 국가가 어디까지 가서는 안 되는지를, 사법이 어떤 순간에도 놓쳐서는 안 되는 최소한의 품격이 무엇인지를 묻는다. 서부지법 사태의 청년들은 사건으로 남을지 모르나, 그들을 대하는 우리의 태도는 역사로 남을 것이다. 그리고 그 역사 앞에서 우리는 언젠가 다시 이 질문을 받게 될 것이다.

그날, 부끄럽지 않은 답을 내놓을 수 있기를 바란다.

유정화 변호사

"여러분의 시간을 서부자유청년들에게
조금만 나누어 주십시오!"

콰이어트

발행일	2026년 1월 19일 초판 1쇄

지은이	유정화 외
기획	플로우북스
책임편집	박지영
발행인	김용성
발행처	지우출판

주소	서울시 동대문구 휘경로 2길 3, 303호
전화	(02) 962-9154
팩스	(02) 962-9156
이메일	lawnbook@naver.com
등록	2003년 8월 19일(신고 제9-118)

ISBN 979-11-94120-25-4 (03340)